Svegliatevi Figli Miei!

Conversazioni con
Sri Mata Amritanandamayi

Volume 8

Svegliatevi Figli Miei!

*Conversazioni con
Sri Mata Amritanandamayi*

Volume 8

Swami Amritaswarupananda

Mata Amritanandamayi Center, San Ramon
California, Stati Uniti

Svegliatevi Figli Miei! – Volume 8
di Swami Amritaswarupananda

Pubblicato da:
   Mata Amritanandamayi Center
   P.O. Box 613
   San Ramon, CA 94583
   Stati Uniti

--------------- *Awaken Children Volume 8 (Italian)* ------------

Copyright © 2017 Mata Amritanandamayi Center, P.O. Box 613 San Ramon, CA 94583, Stati Uniti

Tutti i diritti riservati. Ogni riproduzione, archiviazione, traduzione o diffusione, totale o parziale, della presente pubblicazione, con qualsiasi mezzo, con qualsiasi scopo e nei confronti di chiunque, è vietata senza il consenso scritto dell'editore.

Prima edizione a cura del MA Center: marzo 2017

In Italia:
   www.amma-italia.it
   info@amma-italia.it

In India:
   inform@amritapuri.org
   www.amritapuri.org

Questo libro è un umile omaggio ai
piedi di loto di Sri Mata Amritanandamayi
Fulgida Luce che dimora
nel cuore di tutti gli esseri

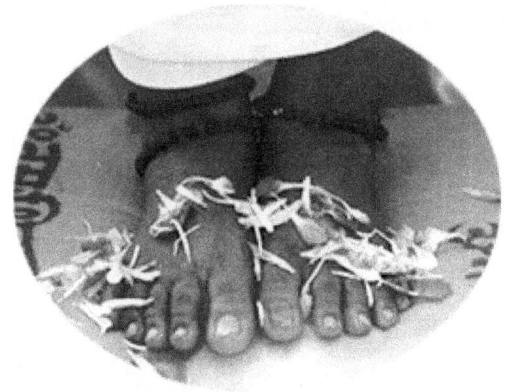

Vandebam-saccidānandam-bhāvatīvam jagatgurum
Nityam-pūrnam-nirākāram-nirgunam-svātmasamsthitam

M'inchino al Maestro dell'universo che è *Sat-Cit-Ananda* (Pura Esistenza-Coscienza-Beatitudine), Colui che trascende ogni differenza ed è eterno, completo, privo di attributi e di forma e che dimora stabilmente nel Sé.

Saptasāgaraparyantam-tīrthasnāphalam-tu-yat
Gurupādapayōvindōh-sahasrāmsena-tatphalam

Qualunque merito acquisito attraverso pellegrinaggi e bagnandosi nelle acque sacre, comprese quelle dei sette mari, non eguaglia nemmeno la millesima parte del merito derivato dal bere l'acqua dell'abluzione dei piedi del Guru.

Guru Gita 157, 88

Indice

Introduzione	11
Capitolo 1	**13**
La Madre giocosa	13
Occhi sorridenti	18
Un pizzicotto e una carezza	19
Capitolo 2	**21**
Le relazioni umane	21
La maternità, meraviglioso dono di Dio alla donna	22
Vita matrimoniale	24
Riconoscere e apprezzare reciprocamente le buone qualità	27
Come riconoscere una relazione autentica	30
Capitolo 3	**35**
Il segreto della bellezza di un bambino	35
La vera crescita e la maturità autentica	38
Capitolo 4	**45**
"Sì, sono Kali"	45
Sappi che il Sé interiore non ha ego	46
Osserva la mente	48
L'altruismo è spontaneo	49
La mente negativa	55
Capitolo 5	**59**
L'amore e la libertà	62
Vivere secondo il proprio dharma	66
Come riconoscere ed estirpare la collera	68
Chiediti: perché non posso sorridere ed essere felice?	70
Vigilanza e shraddha	73
Voi siete la luce di Dio	74

Consolare un'anima afflitta 76
Nessuno sarà punito in eterno 77

Capitolo 6 81
Il rispetto senza amore genera paura 81
La relazione guru-discepolo nell'antico gurukula 86
Il sistema educativo moderno e l'antico metodo
d'insegnamento del vero maestro 89
L'arte di rilassarsi 94
La tecnica del rilassamento 101

Capitolo 7 105
La Madre dell'universo 105
La paura blocca la spontaneità 107
Essere soli e sentirsi soli 109
Lo sforzo personale in presenza del Satguru 114

Capitolo 8 117
Il lavoro come atto di adorazione 117
Sia che crediate o no, la vostra natura divina rimane
inalterata 120
Solo un bocciolo può fiorire 122
Accade semplicemente alla presenza di un vero Maestro 126
L'amore è possibile solo quando non si usa la forza 129
Come il sole che splende e il vento che soffia sempre 130

Capitolo 9 133
Sentire il dolore di chi soffre 133
La sensazione di essere incatenati 136
L'Unità, non una relazione 138
Non date la colpa alle circostanze 140

Capitolo 10 145
Un tocco che guarisce 145
Come vincere la paura 146

Capitolo 11   **151**
   La Madre onnisciente   151

Capitolo 12   **154**
   La morte non è che un cambiamento   154

Capitolo 13   **159**
   Dare la vista interiore a un cieco   159

Glossario   **163**

Nota dell'autore

Gran parte delle vicende descritte in questo libro si sono svolte nell'anno 1986. Tuttavia alcune di esse hanno avuto luogo nel 1984 e nel 1985.

Introduzione

La saggezza infinita della Madre fluisce ancora una volta attraverso questo libro, l'ottavo volume di "Svegliatevi figli miei!" Quando un Maestro perfetto come la Madre parla, è la pura Consapevolezza che parla; sono Krishna, Rama, Buddha e Cristo che parlano; sono tutti i supremi Maestri del passato, del presente e del futuro che parlano. È la voce di Dio stesso. Le parole della Madre non sono infatti mere parole, in quanto sono pregne di consapevolezza. Se facciamo di questo testo una meditazione e una contemplazione, possiamo percepire l'immensa energia spirituale contenuta in ogni sua parola.

Attraverso queste conversazioni la nostra amata Madre ci ispira, ci eleva spiritualmente e ci offre un assaggio della Verità, che infine ci aiuterà ad immergerci nell'indicibile oceano di *Sat-Cit-Ananda* (Esistenza-Coscienza-Beatitudine); e soprattutto, la presenza meravigliosa e purificatrice di questo grande Maestro è il terreno più fertile affinché i fiori dei nostri cuori possano schiudersi e sbocciare.

Amma non accenna mai alla sua grandezza, eppure questo misterioso fenomeno che la Madre rappresenta ha un potere irresistibile. L'amore divino e la compassione che diffonde sono ineguagliabili. La Madre irradia letteralmente pace e gioia, e la sua esistenza è completa e perfetta. Le parole che pronuncia sono raggi luminosi di Verità che ci trasmettono il messaggio immortale della Realtà assoluta.

Potremmo continuare a leggere a lungo le Scritture, ma se non troviamo un Maestro spirituale come la Madre non potremo progredire sul sentiero. È sufficiente restare in sua presenza per fare l'esperienza della divina fragranza di *Sat-Cit-Ananda* che scaturisce da lei senza sosta, e percepire in modo tangibile la presenza di Dio: senza ricevere nessun insegnamento, apprendiamo come realizzare il nostro vero Sé.

Swami Amritaswarupananda
M.A. Math, Amritapuri

Capitolo 1

La Madre giocosa

La Madre sembrava ricordare una magnifica statua di colore blu scuro. Era seduta in uno stato profondo di *samadhi* di fronte al nuovo edificio dell'ashram che stavano costruendo, circondata da numerosi residenti e da una famiglia di visitatori. Tutti la stavano fissando con attenzione. Il sole, caldo e luminoso, pareva scrutare la Terra per intravedere la Madre e accarezzarne il corpo con i suoi meravigliosi raggi dorati. Mentre tutti sedevano contemplando il suo viso incantevole, lei aprì gli occhi e sorrise loro.

Quando la Madre sorride, tutti i cuori si aprono: non si può fare a meno di sorridere. Il suo sorriso soave ha un meraviglioso potere curativo. Senza dire nulla, lei può manifestare la sua natura divina con uno sguardo, con un sorriso o con un tocco. Stare in sua presenza è come fare l'esperienza di essere in comunione con Dio. Amritapuri, questo luogo sacro costantemente illuminato dalla sua presenza, dove si può percepire un flusso ininterrotto dell'amore supremo e della profondità della conoscenza autentica, ricorda il modello educativo dei *gurukula* degli antichi *rishi* (nei tempi antichi, i bambini venivano inviati a studiare nella casa del maestro e vivevano con lui per dodici anni, fino al termine degli studi.)

La Madre iniziò a giocare come fosse una bambina con la figlia piccola della famiglia di visitatori. La bimba, che non aveva ancora due anni, teneva in mano un pezzetto di dolce. La Madre tese la mano destra e disse: "Danne un pochino ad Amma". Con uno sguardo stupito la bambina fissò a lungo la Madre e poi all'improvviso si girò e corse ridacchiando dai genitori. Amma la seguì e con fermezza la riportò dov'era seduta. La bambina si sedette tranquillamente sulle ginocchia di Amma, che aprì la bocca per ricevere un po' di quel dolce. Questa volta la piccola le rivolse un incantevole sorriso e avvicinò il dolce molto vicino alla sua bocca. Mentre Amma stava per darvi un morso, la bimba lo ritrasse, si svincolò dall'abbraccio e corse via, provocando in tutti uno scroscio di risate. Anche la Madre scoppiò a ridere, molto divertita. Un devoto disse: "Lei è come te, Amma!". L'uomo stava riferendosi a quando la Madre era in *Krishna Bhava* e porgeva scherzosamente ai devoti del *prasad*, in un modo che ricordava le burla del piccolo Krishna.

Amma non aveva intenzione di lasciar cadere facilmente la cosa e rincorse la piccola, l'afferrò e la riportò indietro allo stesso posto. La Madre stessa sembrava essere diventata una bambina innocente e anche la piccola, che era di nuovo seduta sulle sue ginocchia, si stava divertendo. La Madre riaprì la bocca, aspettando il pezzetto di dolce. I genitori incoraggiavano la figlia dicendo: "Kunji (piccolina), danne un pochino ad Amma! Non le vuoi bene?"

Guardando il bellissimo volto di Amma, la bambina portò ancora una volta il dolce molto vicino alla bocca della Madre. Stava per ritrarre la mano e correre via, ma questa volta Amma le prese la manina e morsicò un pezzettino di dolce. Questo era troppo per la piccola, che reagì scoppiando a piangere, protestando sdegnata e lanciando il dolce sulle ginocchia della Madre. Osservando questo comportamento innocente, la Madre rise di nuovo, seguita da una grande risata generale. Perfino i genitori della bambina risero. La bambina si mise allora a piangere ancora di più e protestò con più forza buttandosi a terra e rotolandosi sul terreno. La Madre la guardò e disse: "Pensa di essere stata presa in giro". Dopo poco Amma la fece rialzare e la consolò, e chiese a *brahmacharini* Gayatri (l'attuale Swamini Amrita Prana) di portare dell'altro dolce per la piccola.

Pur essendo contenta di ricevere un nuovo dolcetto, la bimba chiese comunque anche quello che già aveva. Smise di piangere e tenendo un dolcetto in ciascuna mano, si sedette sulle ginocchia della Madre. Qualcuno commentò la scena dicendo: "La piccola non vuole abbandonare il suo dolcetto perché si tratta del *prasad* di Amma". Quando ritornò la calma, la bambina guardò nuovamente il viso della Madre e poi, improvvisamente, avvicinò entrambi i dolcetti alla bocca di Amma e con tutto il cuore glieli offrì. Rimase così sino a quando aprì la bocca e li morsicò entrambi. La piccola voleva che ne prendesse ancora, ma Amma disse affettuosamente: "No, no, tesoro! Sono per te! La Madre ne ha avuto abbastanza". Amma abbracciò e baciò affettuosamente la piccolina e poi, tenendola sulle ginocchia, iniziò a cantare, come se stesse cantando una ninna nanna, *Chilanka Ketti*.

Chilanka Ketti

O mio diletto dagli occhi di loto,
allaccia subito le cavigliere e vieni correndo!
Vieni danzando!
Cercando i Tuoi soffici piedi,
siamo venuti cantando il Tuo nome divino.

O figlio di Devaki,
vita stessa di Radha,
o Kesava, Hare, Madhava[1]*,*
o uccisore di Putana,
distruttore dei peccati,
fanciullo di Gokula, vieni correndo!
O pastorello, vieni danzando!

---

[1] Nomi di Krishna.

O uccisore di Kamsa
che danzasti sul serpente Kaliya,
o Kesava, Hare, Madhava,
coloro che prendono rifugio in Te
Ti sono cari.
O incarnazione dell'Aum
che proteggi quelli che sono in pericolo,
vieni correndo!
O melodia di beatitudine,
vieni danzando!

O protettore dei Pandava,
distruttore dei peccati!
O Kesava, Hare, Madhava,
protettore di Arjuna,
distruttore dell'ignoranza!
O Kesava, Hare, Madhava!
O nettare della Gita,
vieni correndo!
O beatitudine del cuore,
vieni danzando!

La piccola rimase seduta sulle ginocchia della Madre ancora per un po' e poi Amma lasciò che tornasse dai genitori. La Madre si allungò a terra con il capo sulle ginocchia di Gayatri. Un *brahmachari*[2] le fece questa domanda:

"Quasi tutti i bambini piangono alla nascita, mentre tu, Amma, sorridevi quando sei venuta al mondo. Tutto questo ha un significato particolare?"

La Madre rispose:

---

[2] Il significato dei termini scritti in corsivo si trova nel glossario alla fine del libro, N.d.T.

"In genere, un neonato piange perché per lui questo mondo è un posto strano. Dopo aver trascorso nove lunghi mesi nel ventre della madre, improvvisamente si ritrova in un nuovo ambiente. La vita nel grembo materno non è affatto piacevole, in mezzo alle scorie intestinali, al calore proveniente dall'apparato digestivo materno e ai continui movimenti della madre. Per nove mesi e nove giorni il feto soffre in questo modo prima di passare dolorosamente nello stretto canale del parto e infine venire al mondo. Appena nato, il bebè si sente a disagio per la diversa pressione atmosferica e per l'ambiente estraneo che lo circonda. Di fronte a questo mondo così ignoto, a cui non è abituato, il piccolo piange disperato.

Ma per Amma questo mondo non era per nulla strano, ogni cosa le era del tutto famigliare. Quando si conosce tutto del mondo non si può che sorridere. Quando si vede l'intero universo come un gioco della Coscienza, come si potrebbe fare altrimenti? Quando si ha il potere, lo sguardo penetrante che permette di scorgere la Realtà dietro le apparenze, si può solo sorridere. In mezzo al mondo esterno sempre mutevole, si vede l'immutabile: non si vede il guscio che avvolge il seme, ma l'albero potenziale che è racchiuso. In breve, si contempla la Realtà, la vera natura di ogni cosa. Quando sei in grado di osservare la Verità, nulla ti sembra sconosciuto o strano, l'intero universo ti è familiare e sorridi, non saltuariamente ma continuamente. La tua vita diviene un grande sorriso. Sorridi costantemente, sorridi a ogni cosa, non solo nei momenti felici, ma anche in quelli infelici. Sorridi perfino alla morte. Questa è la spiritualità. La spiritualità è un sorriso profondo e sincero di fronte a tutte le situazioni della vita.

Quando le persone sono in preda alla tristezza e alla disperazione? Quando si trovano in situazioni che non conoscono e non sanno cosa fare e dove andare; quando si sentono impotenti e non hanno nessuno cui rivolgersi; quando si devono confrontare con l'insuccesso, la perdita, la malattia e la morte. Queste circostanze suscitano in loro uno stato d'animo insolito, di estrema vulnerabilità. Sopraffatti dalla disperazione piangono, non vedendo una soluzione né sapendo come uscire da questa situazione.

Un'anima perfetta, invece, conosce il mistero della vita e sa che tutto quello che accade intorno a lei è solo un gioco della Coscienza. I suoi occhi possono penetrare oltre i tre passaggi del tempo e contemplare la Realtà. Questa anima conosce la Verità dalla quale l'intero mondo è emerso, la vera esistenza, il fondamento su cui poggia il mondo; conosce la direzione verso la quale tutto si muove e quello in cui si fonderà. Questa conoscenza le dà la possibilità di sorridere con tutta se stessa davanti a ogni cosa. L'Anima perfetta può farlo perché è onnisciente".

Occhi sorridenti

"Quando sei onnisciente", continuò la Madre, "quando i tuoi occhi sono in grado di vedere oltre il passato, il presente e il futuro, allora anche i tuoi occhi sorrideranno, non soltanto le tue labbra. Guarda l'immagine di Kali che danza sul petto di Shiva. Malgrado l'aspetto feroce, i Suoi occhi sorridono. Questo sorriso è il sorriso dell'onniscienza. Gli occhi di Krishna sorridevano. Tutti i grandi maestri hanno negli occhi un sorriso straordinario. Quando i tuoi occhi sono in grado di andare oltre la superficie dell'esistenza, brillano di gioia: vedi la Verità all'interno delle cose e così sorridi. L'esterno, la superficie, è falsità. Ma a quel punto essa non può più ingannarti poiché hai appreso l'arte di penetrare e di vedere attraverso ogni cosa, in tutta la sua pienezza. Il tuo semplice sguardo è sufficiente a smascherare il ladro e il bugiardo esteriore, che scompaiono per lasciare posto alla Verità. Questo sorriso significa: 'Io conosco la Verità'. Indica la perfetta onniscienza".

Alla fine della conversazione, la Madre cominciò a rotolarsi per terra. I residenti che la circondavano conoscevano questi inconsueti stati della Madre e si spostarono rapidamente per non disturbarla. Sapevano che in questi momenti non voleva che nessuno la toccasse e che preferiva rimanere sdraiata sulla nuda terra. Stesa a terra, fissava il cielo. Sollevò la mano destra, con le dita formò un *mudra* sacro e produsse ripetutamente strani suoni come se stesse conversando con qualcuno in un linguaggio sconosciuto. Era completamente immobile. Dopo qualche minuto chiuse gli occhi e il suo viso fu rischiarato da un magnifico e radioso sorriso, che l'avvolse di una luce straordinaria. La Madre restò così per circa dieci minuti e poi, pronunciando il suo consueto mantra: "Shiva, Shiva", si rialzò e si diresse verso il vecchio tempio. Dopo essere entrata, chiuse le porte dietro di sé e vi rimase per mezz'ora.

Un pizzicotto e una carezza

La descrizione che la Madre ha appena dato di sé e della sua onniscienza, ci dà un'idea di come possieda un perfetto grado di consapevolezza della propria natura divina sin dalla nascita. Ascoltare questa grande Verità dalle sue labbra è un'esperienza emozionante!

Quando Amma afferma che un *Mahatma* ha accesso ai tre passaggi del tempo, mi ricorda ciò che accadde a un devoto quando la incontrò per la prima volta. L'uomo, che viveva a Bangalore, andò dalla Madre insieme alla moglie. La lunga fila di devoti che attendeva il darshan scorreva lenta: come d'abitudine, Amma stava ricevendo i suoi figli uno ad uno. Quando fu il suo turno, senza dire una parola Amma gli diede un forte pizzicotto. L'uomo era così irritato che cominciò a ribollire di collera. C'era un motivo che giustificava tale reazione: quando era giovane non sopportava di essere pizzicato e protestava con veemenza ogni volta che veniva pizzicato dai parenti o dagli insegnanti. Litigò perfino con i suoi professori quando lo pizzicavano per non avere studiato la lezione. "Potete picchiarmi con un bastone se volete, o espellermi dalla classe, ma non datemi mai un pizzicotto!" diceva loro. Così quel giorno, quando andò dalla Madre e lei lo pizzicò era furibondo. Ma prima che avesse la possibilità di protestare, la Madre gli mise la testa sul suo grembo; appena l'uomo si appoggiò, lei gli accarezzò i capelli e li pettinò delicatamente con le dita. Questa esperienza lo toccò così profondamente che la sua collera svanì e scoppiò in lacrime di beatitudine. Vi era un motivo anche per questa sua reazione emotiva: a volte chiedeva ai suoi bambini di pettinare i suoi capelli esattamente come la Madre stava facendo. Questo gesto gli piaceva così tanto che, prima di addormentarsi, soleva chiedere ai bambini di carezzare con le dita i suoi capelli. Sapendo che questa era la cosa che più gli piaceva al mondo, non tardò molto a capire che la Madre era onnisciente. Quando fu dapprima pizzicato e subito dopo accarezzato con le dita, ebbe improvvisamente questa intuizione: "Ecco qualcuno che conosce tutto di me, ciò che mi piace e ciò che non mi piace, qualcuno per il quale la mia vita è un libro aperto". Questa esperienza era ciò che gli occorreva per abbandonare tutto ai piedi di Amma.

Il devoto disse: "Quando la Madre mi ha sollevato la testa dal suo grembo, ho guardato stupefatto il suo viso. Lei mi stava sorridendo e mi disse: 'Essere pizzicato è ciò che maggiormente detesti e farti carezzare i capelli è quello che ami di più, non è vero?'". Pizzicandomi e accarezzandomi i capelli in quel modo, ho sentito intensamente che la Madre mi stava dicendo: "Figlio, la Madre conosce tutto di te". Ero allibito e senza parole. Da allora non ho mai più messo in dubbio la sua onniscienza".

Capitolo 2

Le relazioni umane

Oggi, la Madre è scesa dalla sua camera prima dei *bhajan* della sera, si è seduta nella parte occidentale del tempio e ben presto è stata circondata dai residenti e da alcuni devoti. Uno dei padri di famiglia, un funzionario di banca, ha posto una domanda alla Madre a proposito delle relazioni umane. Ecco la risposta della Madre:

"Una vera relazione può svilupparsi solo se c'è una comprensione adeguata tra moglie e marito, tra gli amici o tra te e la persona coinvolta in quel rapporto. Ci sono diverse fasi nella vita e sposarsi è una delle più importanti. Per chi vive nel mondo, per un padre di famiglia, ad esempio, è necessario passare attraverso questa fase con quanto più amore, affiatamento, sollecitudine e impegno possibili perché la sua vita sia piena e fruttuosa. La vita coniugale, se vissuta con la giusta comprensione e il giusto amore, aiuterà a risvegliare l'aspetto femminile nell'uomo e l'aspetto maschile nella donna. L'equilibrio tra questi due aspetti può aiutare entrambi a raggiungere il traguardo finale della libertà eterna.

Se la coppia compie i passi necessari, facendo lo sforzo di capirsi e rispettare i sentimenti reciproci, potrà vivere con pienezza la propria vita. Deve essere pronta a dimenticare e perdonare gli errori e le debolezze del partner. La vita matrimoniale può essere un ambito ricco di insegnamenti, nel quale imparare a coltivare qualità come la pazienza e l'umiltà.

Nella società indiana è più facile riuscirci, poiché la donna ha solitamente una natura più docile e meno aggressiva. L'ego maschile è tenuto a bada dall'umiltà e dalla pazienza femminile.

Sebbene oggigiorno la società stia rapidamente cambiando, la cultura di base della società indiana è immutata. Affinché possa esserci un giusto equilibrio e armonia nella vita coniugale, gli uomini dovrebbero sforzarsi di non essere aggressivi, arroganti, presuntuosi e di volersi imporre. In India gli uomini pensano spesso di avere il diritto di controllare le donne, e che una donna non dovrebbe per nessuna ragione essere migliore di un uomo. È evidente che si tratta di un atteggiamento sbagliato, dovuto a una mancata comprensione della cultura trasmessa dagli antichi saggi e veggenti".

La maternità, meraviglioso dono di Dio alla donna

"Una donna va rispettata e i suoi sentimenti dovrebbero essere presi in considerazione" ha proseguito la Madre. "Le sue qualità materne andrebbero riconosciute e le si dovrebbe accordare un più elevato e ben meritato ruolo sociale a fianco degli uomini. Dal canto suo, lei dovrebbe essere consapevole che il dono più grande che Dio le ha dato è la maternità, la capacità di dare alla luce e crescere un bambino con cura, amore e affetto adeguati. Si tratta di un dono unico, che solo lei ha ricevuto. Mettere al mondo gli esseri più illustri di questa terra, le incarnazioni divine, i grandi leader, i filosofi, gli scienziati - dare alla luce tutte le anime più nobili e tutto il genere umano - è una delle più grandi benedizioni. Perché Dio ha fatto questo dono meraviglioso alle donne? Perché solo loro sono in grado di esprimere qualità come l'amore, la compassione, la sollecitudine e la pazienza in tutta la loro pienezza e bellezza. Ogni donna dovrebbe esserne cosciente, cercando di cogliere il significato di tale benedizione. Sembrerebbe invece che a poco a poco le donne stiano dimenticando questa verità: trascurando questa facoltà indispensabile e fondamentale, l'ordine sociale verrà sovvertito. Ecco perché è di vitale importanza che la donna riconosca di avere queste qualità materne.

In Occidente, in particolare, le donne stanno dimenticando le qualità femminili e, in nome della parità dei diritti, molte sottovalutano il valore inestimabile di questa benedizione. A differenza della società indiana, le donne occidentali sono più aggressive e rigide; nel tentativo di porsi in tutti gli ambiti sullo stesso piano degli uomini, non si accorgono di stare sacrificando un aspetto fondamentale della loro natura. Il risultato di tutto questo è un completo caos, che investe sia la vita esteriore che quella interiore. Con questo Amma non intende dire che la donna non debba svolgere le stesse attività dell'uomo - può e deve poterle svolgere, essendo dotata di un'immensa forza interiore - ma che non dovrebbe mai farlo a discapito della sua natura più profonda. Andare contro natura è distruttivo e nuoce sia all'individuo che alla collettività.

In Occidente, sia gli uomini che le donne tendono ad essere aggressivi. L'aggressività è un'energia negativa che a volte può essere utile, ma non nei rapporti interpersonali e nella vita coniugale. L'unione di due poli negativi produce solo energia negativa, che genera disarmonia e disgregazione.

Nella società occidentale i coniugi cercano di controllarsi a vicenda e pensano che sia un loro diritto farlo. Questo costante conflitto e braccio di ferro mina l'amore e la bellezza del rapporto.

L'amore non è aggressivo e neppure la vita lo è: non si può imporre di amare né di vivere. La vita è amore. Senza il sentimento dell'amore che permette di vivere davvero la vita, la nostra esistenza inaridisce e diviene meccanica come quella di un robot. La vita e l'amore sono interdipendenti: senza l'amore si ignora la vita stessa".

Vita matrimoniale

"Amma, perché non c'è vero amore nella vita matrimoniale? Qual è la causa dei conflitti e dell'attrito?" le fu chiesto.

Amma rispose:

"È vero che non c'è assolutamente comprensione tra i coniugi e spesso non ci si sforza neppure di capire l'altro. Affinché si sviluppi una relazione autentica, è essenziale avere una comprensione di base della natura umana, maschile e femminile. Un uomo dovrebbe sapere quali sono le caratteristiche femminili e così dovrebbe fare la donna, ma invece vivono entrambi in due mondi isolati, che si ignorano a vicenda, paragonabili a due isole distanti e non collegate tra loro, neanche da un servizio di traghetto.

Gli uomini privilegiano l'intelletto, mentre le donne le emozioni; dimorano su due piani differenti, procedono su due linee parallele, senza possibilità di un vero incontro. Come potrebbe esistere dunque l'amore tra loro? Se uno dice di sì, l'altro dirà indubbiamente di no. Non udirete mai un sì o un no unanime.

Gli uomini e le donne dovrebbero capire e accettare la peculiarità della loro natura; ogni coniuge dovrebbe fare lo sforzo consapevole di capire con il cuore i sentimenti dell'altro e poi, con questa comprensione di base, affrontare i problemi. Nessuno dovrebbe tentare di controllare l'altro e neppure dire al partner: 'Se io dico sì, anche tu dovrai dire sì'.

Questo atteggiamento, che suscita solo collera e persino astio, va abbandonato. In un tale rapporto l'amore è superficiale. Se si riesce a gettare un ponte sull'abisso che separa l'intelletto dalle emozioni, la dolce musica dell'amore scaturirà dalle profondità di ciascun coniuge. La spiritualità è il fattore unificante. Se guardiamo ai nostri antenati, vediamo che nelle loro unioni c'era generalmente più affetto che in quelle attuali. Nella loro vita c'erano molto più amore e armonia perché avevano una migliore comprensione dei princìpi spirituali e di come attuarli nella vita quotidiana.

Ecco una storia che hanno raccontato ad Amma: una donna sposata decise che le sarebbe piaciuto avere un animale domestico, ma il marito non era d'accordo. Un giorno, mentre lui era assente, andò in un negozio che vendeva animali e comprò una scimmia. Inutile dirlo, l'uomo si infuriò quando tornò a casa e vide l'animale.

'Cosa mangerà questa creatura?' chiese.
'Tutto quello che mangiamo noi' rispose la donna.
'E dove dormirà?'
'Naturalmente nel letto dove dormiamo noi' fu la risposta.
'Ma non ti darà fastidio l'odore?' disse il marito.
'No, non preoccuparti! Se io ce l'ho fatta a sopportarlo per vent'anni, sono sicura che anche questo povero animale ci riuscirà!'"

La fine della storiella fu accolta da grandi risate.

La Madre continuò dicendo:
"È molto raro incontrare persone che vivono un autentico rapporto d'amore. Di solito, in una coppia sposata l'amore è solo superficiale. Se uno dirà 'sì', l'altro si impunterà e dirà 'no!'

Figli, imparate a rispettare i sentimenti dell'altro, imparate ad ascoltare i problemi del vostro compagno o compagna con amore e interesse. Quando ascoltate il vostro partner, egli dovrebbe sentire che siete sinceramente interessati a quello che sta vivendo e che desirereste aiutarlo; dovrebbe percepire la vostra cura e sollecitudine, il vostro rispetto e apprezzamento. Occorre accettare l'altro completamente, senza riserve. Sorgeranno inevitabili conflitti, incomprensioni e disaccordi, ma in seguito dovreste riuscire a dire: 'Mi spiace. Ti prego, scusami. Non volevo', oppure: 'Ti amo. Sei davvero importante per me, non pensare mai che tu non lo sia.

Mi spiace, non avrei dovuto dire ciò che ho detto; nel rancore, ho perso il controllo e la capacità di discernere'. Tali parole agiranno come balsamo sui sentimenti feriti e faranno diventare l'amore tra voi più profondo, persino dopo un grande litigio".

Quando finì di parlare, la Madre disse: "*Balumon* (Balu, adesso Swami Amritaswarupananda) figlio mio, intona un canto".

Fu chiesto a *brahmachari* Srikumar (ora Swami Purnamritananda) di portare l'*armonium*. Tutti cominciarono a cantare *Mauna Ghanamrita*. La Madre appoggiò la testa sulla spalla di *brahmacharini* Gayatri (ora Swamini Amritaprana) e ascoltò il *bhajan* con gli occhi semichiusi. Il sorriso beato e radioso dipinto sul suo viso rivelava che era in estasi.

Mauna Ghanamrita

Dimora del puro silenzio,
dell'eterna pace e della bellezza
in cui si è dissolta la mente di Gautama Buddha,
fulgore che distrugge i legami,
sponda della beatitudine inaccessibile al pensiero!

Conoscenza che dona per sempre armonia,
dimora senza fine né inizio,
Beatitudine che si conosce solo quando la mente è pacificata.
Sorgente dell'Energia,
dimora della pura Coscienza!

La Meta che dona il dolce stato
di eterna non dualità
descritto come "Tu sei Quello":
questo è dove anelo andare;
ma posso farlo solo
attraverso la Tua Grazia.

Al termine del canto, la Madre continuò a tenere la testa posata sulla spalla di Gayatri. Quando infine si mosse e si sedette, un devoto disse: "Amma, stavi parlando dei rapporti umani". Allora la Madre riprese il suo discorso.

Riconoscere e apprezzare reciprocamente le buone qualità

"Figli, in quanto comuni esseri umani abbiamo tutti delle buone e delle cattive qualità. Cercate sempre di riconoscere e apprezzare le reciproche buone qualità. Ogni volta che parlate con gli altri del vostro partner, sottolineate le sue doti, non parlate mai pubblicamente delle sue debolezze. Qualunque sia il suo difetto, deve rimanere un segreto fra voi. Cercate di trovare insieme una soluzione ai vostri problemi con un atteggiamento positivo, senza provocarvi o ferirvi lanciandovi accuse. Dovremmo innanzitutto prendere coscienza dei nostri difetti perché questo è il modo migliore per eliminarli. Non usate mai i difetti del vostro partner come un'arma per ferirlo. Quando fate notare all'altro una manchevolezza, agite con amore e con il proposito di rimuoverla definitivamente dalla vostra vita in modo positivo. Queste debolezze sono blocchi che vi impediscono di esprimervi pienamente. Considerateli degli ostacoli e imparate a vincerli.

Un devoto che amministra un ospedale di Bombay raccontò di recente ad Amma un problema che avevano dovuto affrontare. Nel Nord dell'India, moltissime persone hanno l'abitudine di masticare il *pan* – (foglia di betel arrotolata attorno a un composto di noce d'areca e altri ingredienti). Tutte queste sostanze producono abbondante salivazione e così, senza riflettere, la gente sputa questa saliva rosso vivo ovunque capiti. Gli angoli degli ascensori dell'ospedale erano disseminati degli sputi vermigli dei visitatori. L'amministrazione ospedaliera convocò una riunione per cercare una soluzione a questo problema e infine decise di installare degli specchi nell'ascensore. Dopo questo intervento, la gente smise di sporcare. Perché? Perché lo specchio rifletteva la loro immagine mentre sputavano. Vedendo come questo gesto fosse disgustoso, non riuscivano più a ripeterlo e abbandonarono questa abitudine.

Allo stesso modo, cercate di accorgervi dei vostri difetti e li estirperete automaticamente. Riconoscendo le vostre pecche e cattive abitudini, diverrete consapevoli di quanto siano ripugnanti. Questi difetti sono nascosti nell'ombra, ma guardandoli li portiamo alla luce.

I nostri nobili antenati ci hanno lasciato degli esempi meravigliosi su come riconoscere e onorare gli altri per le loro buone qualità.

In uno dei *Ramayana* è descritto il memorabile episodio in cui il Signore Rama dà un esempio indimenticabile di umiltà riconoscendo il grande sacrificio di Urmila, la casta moglie di Lakshmana. Quando Lakshmana, fratello di Rama, seguì quest'ultimo nella foresta rimanendo con lui per tutta la durata del suo esilio, Urmila rimase sola per quattordici anni ad Ayodhya, struggendosi per la separazione dal marito adorato. Rama aveva con sé la divina consorte Sita, mentre Lakshmana dovette lasciare la sposa ad Ayodhya. Urmila visse una vita di grande sacrificio, pensando giorno e notte al marito. Quando Rama tornò finalmente ad Ayodhya, lo si vide un giorno andare verso la camera di Urmila. Incuriosito, Lakshmana lo seguì e senza farsi vedere osservò quello che stava facendo. La scena cui assistette lo fece scoppiare in lacrime. Mentre Urmila era a letto profondamente addormentata, Sri Rama unì le mani in segno di riverenza e girò attorno al suo letto per tre volte. Infine si prostrò a terra di fronte ai piedi della donna, come fanno i devoti davanti a un tempio.

In seguito Lakshmana chiese a Sri Rama di spiegare il suo comportamento. 'Urmila è degna di profondo rispetto e ammirazione', rispose il Signore, 'e il suo grande sacrificio merita il nostro apprezzamento. Volevo esprimere questi sentimenti senza farmi notare da lei perché altrimenti non me lo avrebbe permesso. Ecco perché mi sono recato da lei mentre dormiva'.

Bisognerebbe ricordare e mettere in pratica i grandi esempi che ci mostrano i *Mahatma*. Facendolo, l'amore, la pace e l'armonia regneranno in tutta la nostra vita, interiore ed esteriore. Le eventuali note discordanti presenti in un rapporto o nella vita matrimoniale, scompariranno. Gli uomini non dovrebbero mai essere arroganti o riluttanti a riconoscere le buone qualità femminili. Sono profondamente in errore se pensano: 'Dopotutto non è che una donna'.

Guardate quanto insulsi sono diventati i rapporti. È raro avvertire del vero amore in una coppia sposata. Il giudizio, la paura e il sospetto eccessivi rendono impossibile una relazione d'amore. La mancanza d'amore e di giusta comprensione mantengono le relazioni a un livello superficiale.

Amma ricorda una storia buffa che le hanno raccontato di recente. Due ragazzi si incontrarono per la strada. Uno di loro disse all'altro: 'Ehi, sei proprio fortunato! Hai conquistato una bella ragazza. Dimmi, cosa pensa di te?'

'Pensa che ho una grande personalità, che sono un ottimo cantante e un pittore di talento'.

'E tu? Cosa ti ha attratto in lei?'

'Il fatto che pensi che io abbia una grande personalità, sia un ottimo cantante e un pittore di talento'".

Quando le risa si placarono, la Madre chiese d'intonare un canto. Uno dei devoti padri di famiglia cantò *Amritamayi Anandamayi*.

Amritamayi Anandamayi

O Dea di ambrosia,
Dea di beatitudine immortale!
O Madre Amritanandamayi,
o Dea di ambrosia,
Dea di eterna beatitudine!

O Madre,
quando vedi piangere i Tuoi figli,
il Tuo cuore si scioglie.

O Madre compassionevole,
con affetto accarezzi i Tuoi figli
e li nutri con il latte della tenerezza.

O Madre dal colore dello smeraldo,
vieni e dimora nel mio cuore!
I Tuoi piedi di loto sono il solo rifugio
di quest'anima infelice.

Tu brilli interiormente,
sei l'occhio interno della vista esterna;
sei la madre di Kanna,
la Madre del mondo,
la Dea dell'universo.

Come riconoscere una relazione autentica

Al termine del *bhajan*, la Madre continuò ad approfondire questo tema per i suoi figli.

Qualcuno le domandò: "Quali sono i segni che indicano una relazione autentica?"

La Madre rispose:

"Quando ogni persona si identifica con l'altra, è segno che si tratta di una relazione autentica. L'intensità dell'amore dipende da quanto ci identifichiamo con le persone. Immaginate che qualcuno vi chieda: 'Fra tutti i tuoi amici, a chi vuoi più bene? A Tizio, a Caio o a Sempronio?' Forse dovrete pensarci un po' o forse risponderete immediatamente: 'Voglio più bene a Tizio, è il mio migliore amico'. Cosa intendete dire affermando che volete più bene a lui? Che vi identificate più facilmente con Tizio invece che con Caio e Sempronio, non è vero? Una relazione o un amore autentico si basa su quanto ci identifichiamo con l'altro. Si tratta di un sentimento profondo, di un moto interiore che non è possibile quantificare. Man mano che l'identificazione si intensifica, il senso di unità si manifesta anche all'esterno. Il tuo cuore traboccante d'amore si esprime attraverso le tue parole e le tue azioni. Quando tale sentimento è al culmine, vi è anche una rassomiglianza fisica. Questo fenomeno si incontra raramente nei rapporti comuni, ma in una relazione spirituale è presente in maniera visibile e profonda. Lo si vede per esempio in un discepolo che si è abbandonato completamente al suo Maestro spirituale, e il cui cuore è colmo di devozione e amore per lui.

Questo è esattamente ciò che accadde alle *gopi* di Vrindavan. Pensando costantemente a Sri Krishna divennero come Lui. A un certo punto le *gopi* cominciarono a dirsi: 'Amica mia, guardami, io sono Krishna. Cammino come Lui, non è vero? Non vedi il flauto divino nelle mie mani e la piuma di pavone sulla mia corona?'.

Amma conosce una coppia sposata che ha sviluppato questo senso di identificazione. Sembrano gemelli; perfino le loro voci ed i loro movimenti sono simili. Amma li conosce da tanto tempo. Essi rappresentano la coppia ideale. L'amore, il rispetto, la comprensione, la pazienza e il perdono che hanno l'uno per l'altro sono straordinari. Se si ha il giusto atteggiamento, tutto ciò è possibile anche in un comune rapporto, persino all'interno del matrimonio.

In un amore talmente profondo, persino gli schemi mentali saranno gli stessi. Ad esempio, un marito può pensare a qualcosa e, senza che lo accenni, la moglie lo capta. Oppure lui pensa a qualcosa e la moglie esprime ciò che lui pensa a voce alta, o lui ha un desiderio e la moglie desidera improvvisamente la stessa cosa.

È domenica: nel suo ufficio, il marito sta cercando di terminare un lavoro urgente. Sebbene sia esausto, non può andare a riposarsi perché entro l'indomani deve completare e posare ciò che sta facendo sulla scrivania del suo superiore. Mentre si costringe a tenere gli occhi aperti, pensa: 'Avrei proprio bisogno di una tazza di caffè molto forte', ma preferisce non chiederla alla moglie, occupata a cucinare il pranzo domenicale. In genere l'uomo non beve caffè a quell'ora del giorno, ma sorprendentemente un momento più tardi la moglie entra nel suo ufficio porgendogli una tazza di caffè. 'Come hai fatto a sapere che avevo bisogno del caffè?' Sorridendo, lei risponde: 'Ho semplicemente avuto la sensazione che ti avrebbe fatto piacere berlo'. Questo fenomeno può accadere in un rapporto e si può anche coltivare, a patto che i coniugi abbiano il giusto sentimento e la giusta intesa. Allora questa identificazione crescerà e si esprimerà infine in tutti i loro pensieri e le loro azioni.

Se questo è possibile in una relazione normale, l'identificazione o il senso di unità presente in una relazione Guru-discepolo è infinitamente maggiore. Gayatri ebbe un'esperienza che vale la pena menzionare. Un giorno Amma rientrò a casa dopo aver lavorato assieme a degli ashramiti e, avendo le mani sporche, chiese a Gayatri di portarle del sapone e dell'acqua. Invece di farlo, la giovane iniziò a lavarsi le mani nel lavandino del bagno. Vedendo ciò che stava facendo nel bagno mentre Amma aspettava, Lakshmi le ricordò che Amma stava attendendo il sapone e l'acqua per lavarsi le mani. Nell'udire queste parole, Gayatri ritornò in sé e nel rendersi conto di quello che stava facendo esclamò: 'O mio Dio, credevo di stare lavando le mani della Madre!' Confusa, guardò Amma con aria colpevole, ma la Madre capì ciò che era accaduto. In quel momento particolare, Gayatri aveva dimenticato se stessa. La capacità di poter fare l'esperienza di questa unità, di questa completa identificazione, è sempre presente in noi.

Una relazione autentica è possibile solo quando riusciamo a lasciar andare tutte le idee preconcette e i pregiudizi, e non ci concentriamo più soltanto sul passato. La vostra mente è il passato. Smettete di aggrapparvi ad esso e sarete liberi e sereni. Rimanere attaccati al passato è come vivere nell'oscurità. Tutti noi vogliamo essere nella luce. Non lottate più contro il passato, non reagite a quello che è successo e sarete nella luce. In tal modo, potrete vedere nitidamente tutto quello che accade dentro di voi. Con una visione così chiara è possibile instaurare una relazione autentica".

Mentre la Madre parlava, il sole stava lentamente calando all'orizzonte per andare a tuffarsi come ogni sera nel blu profondo dell'oceano. Proprio come il sole è sempre dedito ad assicurare la vita sulla Terra, così la Madre, il "sole spirituale", è sempre impegnata a ispirare i propri figli attraverso le sue parole profonde, la sua presenza divina, il suo abbraccio compassionevole e i suoi canti. Esprimendo ineguagliabile amore e compassione con il suo intero essere, Amma tocca il cuore di ognuno, aiutandolo ad aprirsi pienamente e a diffondere la bellezza e una dolce e divina fragranza.

Quando la Madre finì di parlare, si alzò. Sollevando le braccia verso il cielo gridò: "Shivane!". Per un po' di tempo rimase in quella posizione, con gli occhi chiusi, quindi si diresse verso il tempio. Era l'ora dei *bhajan*. Ben presto la Madre avrebbe trasportato i suoi figli sulle ali dei suoi canti estatici e melodiosi. Colma di beatitudine cominciò a cantare *Anjana Sridhara*.

Anjana Sridhara

O incantevole Sridhara
del colore del nero kajal,
Ti rendo omaggio a mani giunte.
Sia gloria a Krishna,
omaggi a Lui!

O Krishna,
bambino divino
che nascesti sulla Terra,
proteggimi!

O Krishna adorato,
Ti prego, rimuovi il dolore dal mio cuore.

O pastorello,
Krishna dagli occhi di loto,
vieni e brilla nel mio cuore!

O Krishna,
ardo dal desiderio
di contemplare la bellezza
della Tua diletta e benevola forma!

O pastorello,
Ti prego,
vieni presto
e suona il flauto!

Capitolo 3

Il segreto della bellezza di un bambino

La costruzione del nuovo tempio aveva creato disordine in tutto l'ashram. Ogni volta Amma insisteva che ci si organizzasse e si accatastassero i mattoni, la sabbia, e gli altri materiali da costruzione e che tutto fosse pulito. Quando scendeva dalla camera, prendeva lei stessa l'iniziativa di riordinare e cominciava a spazzare per terra. Per Amma nessuna attività è troppo umile. La si poteva vedere trasportare mattoni e cesti di sabbia sulla testa e subito dopo afferrare forse un badile e riempire con la sabbia i cesti. Quando stamani Amma è scesa, ha chiesto ai residenti di portare dei cesti e degli utensili e poi ha cominciato a pulire per terra. In pochi minuti tutte le persone dell'ashram l'hanno raggiunta, pronte ad aiutarla. Mentre lavorava assieme a loro, la Madre ha cantato *Entu Chevo Yedu Chevo*.

Entu Chevo Yedu Chevo

Ahimè! Cosa fare adesso?
Il figlio di Nanda è introvabile.
Si è alzato presto questa mattina
per andare nella foresta a far pascolare le mucche?
Oppure... Oddio, e se si fosse rotto una gamba
facendo la lotta con altri bambini?
E se si fosse messo a correre di qua e di là
finendo poi in un fosso?

Tutti si sono uniti al *bhajan* ripetendo il ritornello. La Madre stava dando un esempio perfetto di come svolgere il lavoro come forma di adorazione. Hanno continuato a pulire per più di un'ora.

Poiché la presenza della Madre arricchisce di bellezza e d'incanto ogni situazione, adesso regnava una grande gioia tra i partecipanti. Quando hanno finito di riordinare, la Madre si è seduta, circondata dagli ashramiti e dai devoti padri di famiglia. Mentre tutti si stavano rilassando, uno dei residenti ha fatto questa domanda: "In tutto il mondo, i maestri spirituali prendono come esempio i bambini piccoli per indicare lo stato finale di perfezione. Dal punto di vista spirituale, cosa possiede di così speciale un bambino?"

La Madre rispose:

"Se guardi un bambino vedrai che non è preoccupato del passato né del futuro. Qualsiasi cosa faccia, la fa con tutto se stesso. È completamente presente in tutto quello che intraprende e non è capace di compiere qualcosa coinvolgendosi solo parzialmente. I bambini vivono nel momento presente: questo è il segreto dell'attrazione che esercitano sulle persone. Nessuno può davvero detestare un bambino perché non è ancora presente in lui questo ego ripugnante.

Un bimbo può catturare l'attenzione di chiunque; persino la persona con il cuore più duro proverà dei sentimenti nei suoi confronti, a meno che non si tratti di un mostro disumano. L'attrazione che esercita un piccolo nasce dalla sua innocenza. Quando si è liberi dalla stretta dell'ego si diviene innocenti e giocosi, proprio come un bambino.

La maggior parte degli esseri umani vive con un piede nel passato oramai morto e l'altro nel futuro, che non è reale. Il futuro è un sogno senza alcun reale fondamento e che deve ancora accadere; non si ha la sicurezza che si realizzerà. Il futuro è incerto, può accadere ma può anche non accadere. Ciò nonostante, anche gli esseri umani più intelligenti continuano ad angustiarsi e a sognare il futuro, o cadono in depressione e piangono, ricordando gli eventi morti e sepolti del passato. Sia il passato che il futuro devono scomparire. Solo allora sarete capaci di vivere in questo momento, poiché è in questo momento che fate l'esperienza della realtà. Solo questo istante è reale, il passato e il futuro non lo sono. Proprio come un bimbo vive pienamente nel presente, così, quando ami, sii totalmente presente in questo amore, senza distinzioni né riserve. Non fare nulla parzialmente, vivi interamente in questo momento. Non rimuginare, non rimanere legato al passato, dimenticalo e smetti di fantasticare sul futuro. Esprimiti essendo pienamente nel *qui e ora*. Nulla, né i rimpianti del passato né le inquietudini sul futuro dovrebbero interferire con il flusso dei tuoi sentimenti. Lascia andare ogni cosa e permetti a tutto il tuo essere di esprimersi. Questo è esattamente ciò che fa un bambino.

Un piccolo non è attaccato al passato né si preoccupa del futuro. Quando esclama: 'Mamma, ti voglio tanto bene!', dice davvero ciò che sente. Attraverso i suoi baci, i suoi sguardi e i suoi modi affettuosi esprime completamente se stesso. Il bambino non ricorda i rimproveri o i ceffoni che ha ricevuto ieri, e non è neppure infastidito perché non gli hanno comprato il giocattolo tanto desiderato. Non è neppure angustiato dal domani, non si aggrappa a nulla. Semplicemente ama e dimentica. Un bambino non può fare niente a metà ed è totalmente presente in ogni suo gesto. Si può agire parzialmente solo quando c'è l'ego.

Le sue azioni non sono legate ai ricordi. Vivendo nel *qui e ora*, se prova amore o collera li esprime totalmente, ma li dimentica presto per rivolgere l'attenzione a ciò che accadrà nel momento successivo. Ciò che manifesta, che sia collera o amore, non nasce mai dall'attaccamento. Ecco perché perfino la sua rabbia ha una sua bellezza, del tutto naturale e spontanea. Ciò che viene espresso spontaneamente, senza l'ingerenza dell'ego, possiede particolare bellezza e fascino. Occorre tuttavia essere innocenti per essere così spontanei. È per questo che perfino l'ira di un *Mahatma* è incantevole, perché è assolutamente pura e innocente. Il modo di agire di un *Mahatma* è spontaneo, diretto e perfettamente naturale. Le sue reazioni non sono legate al passato. Egli è, totalmente nel *qui e ora*.

L'ira dell'adulto è sgradevole. A nessuno piace una persona che è in preda alla collera. Per contro, quando un bambino è arrabbiato, il padre, la madre o qualcun altro lo prendono in braccio, lo coccolano, lo baciano e fanno il possibile per calmarlo. Mentre la collera di un adulto è ripugnante e suscita la stessa emozione negli altri, quella di un bimbo evoca il nostro amore e la nostra simpatia. È la presenza dell'ego nell'adulto e la sua assenza nel bambino che fa la differenza.

Possono esserci attaccamenti solo se c'è l'ego, che produce l'attaccamento al passato; fino a quando permane, non puoi esprimere nulla pienamente, ogni tua parola e azione sarà contaminata dall'ego. Il passato si insinua tra te e le tue parole e azioni per costruire una barriera. Quello che desideri esprimere viene prima vagliato dalla barriera del passato. In tal modo, il bambino interiore, l'innocenza sono completamente bloccati.

La vera crescita e la maturità autentica

Gli adulti pensano che, in quanto tali, non debbano più comportarsi come dei bambini e che conservare le qualità tipiche dell'infanzia sia qualcosa di cui vergognarsi. In realtà, ciò che è cresciuto negli adulti è l'ego. Il corpo, l'intelletto e l'ego si sono forse sviluppati, ma il cuore e con lui le qualità essenziali come l'amore e la compassione stanno per estinguersi. Le persone credono di essere diventate degli adulti maturi. Ma lo sono davvero? La struttura fisica è mutata: il corpo di un bambino è divenuto quello di un adulto, ma quella interiore, la personalità, non si è sviluppata.

Se continuate ad aggrapparvi al passato, non potete dire di essere maturi. Potrete certamente trovare persone che hanno un ego cosiddetto "maturo", ma nessuna di loro è un essere umano maturo. Chi ha un ego maturo può comportarsi in modo rispettoso e raffinato, ma parla e agisce condizionato dal passato. Le parole e le azioni che compie oggi sono radicate nelle esperienze di ieri. In passato ha commesso molti errori da cui ha tratto preziosi insegnamenti, e adesso, quando dice o fa qualcosa, bada a non ripetere gli stessi errori e a non parlare sciocamente: l'esperienza gli ha insegnato che questo potrebbe creargli dei problemi. Così sceglie le sue parole con cura e agisce con circospezione. Il passato continua dunque a esercitare la sua influenza su di lui, in modo sottile, raffinato e potente. Potremmo chiamare questo modo di agire maturità intellettuale o maturità dell'ego, che non costituisce però la vera maturità.

Un'autentica maturità si sviluppa quando si abbandona l'ego e si smette di vivere nel passato. Quando si permette al Sé di esprimersi senza essere condizionato o bloccato dall'ego, si comincia a manifestare una spontanea e genuina maturità".

"La Madre sta forse dicendo che la crescita e la maturità della gente, considerate così reali, in verità non lo sono affatto?", chiese qualcuno.

"Figli", disse la Madre, "una tale maturità è reale da un punto di vista relativo. Amma pensa che si dovrebbero valutare le cose su due livelli - quello del mondo terreno e quello spirituale - e da due prospettive: quella dell'individuo e quella più alta, universale. Ciò che sembra vero a livello temporale può non esserlo a livello spirituale. La concezione comune di crescita e di maturità non corrisponde necessariamente a quella di un piano più elevato di consapevolezza. Questo non vuole dire che lo sviluppo materiale non sia utile o non abbia importanza. Il punto è che gli esseri umani tendono a ritenere reale e valido solo ciò che può essere avvalorato; ma l'ignoto, quello che può essere conosciuto solo attraverso la fede e la costante pratica spirituale, accompagnate da una forte determinazione, è la Verità ultima e la Realtà. Dal punto di vista dell'assoluto, questo mondo e i suoi fenomeni sono solo relativi. Prendete ad esempio la morte di una persona. Quando un lutto colpisce una famiglia, questa perdita genera profondo dolore nei familiari. Se però guardiamo la situazione da una prospettiva diversa, vediamo che ogni giorno centinaia di migliaia di persone muoiono. Sono centinaia di migliaia coloro che perdono il marito, i figli, o i bambini che rimangono orfani di padre o di madre.

Ciò che nasce deve necessariamente morire: è un fenomeno inevitabile e certo. A livello universale, la morte di un individuo è solo relativamente reale. È un evento molto importante e triste per i congiunti, ma non lo è se lo si vede da un piano più alto, da una prospettiva universale.

Dovremmo considerare allo stesso modo la crescita e la maturità e valutarli su entrambi i piani. Per l'individuo, la crescita fisica e intellettuale è reale e necessaria per vivere nel mondo. Per l'universo, una reale crescita avviene solo quando si realizza di essere il Tutto (*purnam*), e non un'entità isolata, una parte.

La crescita esteriore, quella del corpo, della mente e dell'intelletto, ha senza dubbio un suo ruolo, ma se lo sviluppo si ferma solo a questo livello resta incompleto. Sino a quando non attingiamo all'infinito potenziale del nostro Sé, la crescita è solo relativa. Sul piano della Realtà ultima, soltanto quando ci apriamo al Sé possiamo affermare di stare davvero crescendo.

La maturità dell'ego è necessaria per lo sviluppo dell'individuo e contribuisce al benessere della società. La reale crescita interiore e la maturità avvengono solo quando trascendiamo l'ego, quando la personalità cresce nella sua totalità. Perché questo accada, il

Sé interiore deve dischiudersi. Solo allora cambierà la propria visione della vita.

L'umiltà è il terreno migliore sul quale il Sé interiore può schiudersi. Sviluppate dunque l'intelletto mantenendovi umili: in tal modo, il vostro intelletto e la vostra maturità saranno perfetti.

Per essere realmente umili bisogna inchinarsi, non solo con il corpo, ma con tutti noi stessi. Bisognerebbe sentire che siamo nulla, non solo davanti al Maestro o a poche anime elette, ma davanti a tutta la creazione. Riconoscete la suprema coscienza del Maestro che risplende in tutto e attraverso tutto.

Crescete senza permettere che la vostra innocenza venga distrutta, rimanete umili in ogni circostanza. Lo sviluppo fisico non dovrebbe bloccare il bambino interiore. Lasciate che il vostro intelletto diventi limpido e la mente acquisisca più chiarezza e più vigore: assieme allo sviluppo delle vostre facoltà, consentite anche alle qualità del cuore di crescere. Una tale crescita è perfetta e armoniosa e vi aiuterà a mantenere un atteggiamento intelligente e sano verso la vita, in qualunque circostanza vi troviate. Questo è il fondamento reale dell'esistenza, che permette di stabilire una relazione intelligente ed amorevole con ognuno e con tutte le cose".

Quando la Madre terminò di parlare, uno dei devoti intonò il canto *Maha Kali Jagado Dharini*, una lode alla dea Kali, di cui aveva composto la musica.

Maha Kali Jagado Dharini

O Mahakali,
Tu sostieni l'intero universo
e lo distruggi.
Tu che doni sollievo,
hai rapito la mia mente.
Ti prego, destaTi
e volgi il Tuo sguardo su quest'anima.

*O Redentrice
che indossi una collana di teschi,
Dispensatrice di doni,
o Protettrice dei tre mondi
che distruggi il male!*

*O Kali,
hai rapito la mia mente.
Ti prego, destaTi
e volgi il Tuo sguardo su quest'anima.*

*Brahma, Vishnu e Narada
Ti adorano da sempre.
Shankara risiede da sempre ai Tuoi piedi.
Eternamente vittoriosa,
sei libera da tutte le vasana.
Hai rapito la mia mente.
Ti prego, destaTi
e volgi il Tuo sguardo su quest'anima.*

Alle cinque e mezza del pomeriggio la Madre chiamò tutti i residenti per andare in riva al mare. Quando giunsero sulla spiaggia, Amma era in profondo *samadhi*. *Brahmacharini* Gayatri era seduta a pochi metri da lei; in silenzio gli ashramiti si sono seduti attorno alla Madre. Tutti iniziarono a meditare tranne quelli che la fissavano ad occhi aperti. L'oceano blu scuro sollevava gigantesche onde come ad abbracciarla e a porgerle il benvenuto. Pareva che le onde danzassero di beatitudine alla vista della Madre seduta così vicina a loro, sulla riva.

Un'ora più tardi Amma si alzò e cominciò a camminare lentamente sulla battigia. Stava calando la sera e una forte brezza soffiava dal mare. Il suo sari bianco e i suoi riccioli neri danzavano al vento. Le onde parevano rivaleggiare per raggiungere i sacri piedi della Madre e prostrarvisi. Poiché camminava lentamente lungo il bagnasciuga, alcune onde ebbero la fortuna di abbracciare e baciare i suoi piedi, e poi si ritrassero quietamente per immergersi ancora nel mare. Le altre onde cantavano ad alta voce il sacro suono 'Aum', gettandosi sulla battigia e sperando forse di riuscire anche loro ad abbracciare i piedi sacri della Madre.

In profonda estasi, la Madre cantava *Omkara Mengum*, mentre continuava a camminare seguita dai suoi figli.

Omkara Mengum

*Il suono 'Om' risuona ovunque
echeggiando in ogni atomo.
Con mente pacificata,
cantiamo 'Om Shakti'.*

*Lacrime di tristezza scendono copiose
ed ora la Madre è il mio unico supporto.
Benedicimi con le Tue meravigliose mani
poiché ho rinunciato ai piaceri del mondo,
fonte di dolore e privi di valore.*

*La paura della morte è scomparsa,
il desiderio della bellezza fisica è svanito.
Devo ricordare senza sosta la Tua forma
che brilla della luce di Shiva.*

*Quando interiormente sarò colmo di luce,
che traboccando splenderà dinnanzi a me,
quando sarò ebbro di devozione,
allora mi perderò nella bellezza della Tua forma.*

*La visione della Tua forma è ciò che anelo vedere.
Tutto l'incanto del mondo si è cristallizzato*

per formare questa impareggiabile bellezza.
Oh, ora le mie lacrime scendono sempre più copiose...

Quando il canto terminò, la Madre si fermò e rimase a contemplare l'orizzonte occidentale per ancora qualche secondo, prima di voltarsi e avviarsi verso l'ashram seguita dai residenti.

Capitolo 4

"Sì, sono Kali"

Ancora poche persone e il darshan sarebbe terminato. Dopo qualche istante avremmo ritrovato Amma nel refettorio, dove avrebbe servito personalmente il cibo ai devoti. Proprio come la madre più amorevole ed affettuosa, attese che tutti avessero il loro piatto prima di uscire dalla sala. Mentre stava per allontanarsi, improvvisamente si voltò e si diresse verso un visitatore. Prese una pallina di riso che l'uomo aveva tenuto in disparte sul piatto e senza dire nulla la mangiò. Come colpito da un fulmine, l'uomo restò pietrificato e sgranò gli occhi davanti al viso della Madre. I suoi occhi si riempirono di lacrime e iniziarono a rigargli il viso. Dopo poco cominciò a singhiozzare convulsamente e a gridare: "Kali!, Kali!", gettandosi ai piedi della Madre. Lei gli accarezzò la testa e la schiena con un sorriso radioso e compassionevole. Dopo essersi trattenuta qualche minuto nel refettorio, si avviò verso la sua stanza.

Più tardi, il devoto, che veniva dal Bengala, spiegò il motivo del comportamento apparentemente strano della Madre e della reazione emotiva che gli aveva suscitato. Il giorno prima, mentre era a Cochin, un suo amico gli aveva parlato della Madre. Essendo un ardente devoto di Kali, si sentì fortemente attratto da Amma. L'amico doveva sbrigare un lavoro urgente e così decise di andare da solo all'ashram e incontrare la Madre per la prima volta. Si recò nella sua capanna e ricevette il darshan. Più tardi, mentre sedeva nel refettorio e aveva dinanzi a sé il cibo che la Madre gli aveva appena servito, fece una pallina di riso e la mise da parte sul piatto pensando intensamente che 'se la Madre è Kali, la Divinità prediletta che adoro da così tanto tempo, verrà da me e mangerà questa pallina di riso'. Questo fu proprio ciò che accadde. Quando vide Amma avviarsi verso l'uscita provò un'acuta delusione, ma dopo qualche minuto e prima che si rendesse conto di cosa stava succedendo, vide Amma di fronte a lui che prendeva la pallina di riso che aveva serbato per Kali e la mangiava. L'uomo disse: "Quando la Madre ha mangiato la pallina di riso, mi stava chiaramente dicendo: 'Sì, sono Kali'". Dopo questo episodio, il devoto rimase in uno stato estatico fino alla sua partenza per Calcutta la mattina successiva.

Sappi che il Sé interiore non ha ego

Quella sera stessa, un gruppo di devoti padri di famiglia andò a ricevere il darshan della Madre. Lei si sedette con loro dietro il vecchio tempio. Ogni volta che la Madre è con i suoi figli, è sempre felice di poter chiarire ogni loro dubbio e la sete insaziabile dei devoti e dei *brahmachari* per la vera conoscenza si esprime attraverso domande spontanee. Questa volta fu un'insegnante delle superiori profondamente devota della Madre a porre la domanda.

"Amma, l'amore e gli atti altruistici sono considerati un sentiero che porta a Dio. Ma com'è possibile amare e agire altruisticamente quando siamo pieni di giudizi e di idee preconcette? L'altruismo pare più una meta da raggiungere che non una possibile pratica. Amma, puoi illuminarci a riguardo?"

La Madre rispose:

"L'azione disinteressata è la manifestazione dell'amore disinteressato. Quando il cuore è pieno d'amore, si esprime come azione altruistica. L'uno è un sentimento profondo, l'altro è la sua esternazione. Senza un amore profondo e incondizionato, non è possibile compiere questi atti.

Inizialmente, ciò che pensiamo sia altruista non lo è perché il nostro amor proprio è presente in tutto quello che facciamo o diciamo. Difatti è l'amore per noi stessi la motivazione di ogni nostra azione, anche se pensiamo di aver agito altruisticamente. L'amore per l'ego, o per se stessi, è il sentimento predominante in ogni essere umano. Perché nasca un vero altruismo, questo sentimento deve morire.

Bisogna essere vigili per impedire all'ego di intervenire. È molto più facile amare l'ego che sentire un reale trasporto verso l'ideale di abnegazione. Ciò che consideriamo altruista è per la maggior parte delle volte egoista, perché alla radice di tutte le nostre azioni c'è l'ego. È lui e non il Sé interiore la sorgente del nostro apparente amore e del nostro agire. Nulla è disinteressato, a meno che non scaturisca direttamente dal cuore, dal nostro vero Sé. Questa è la ragione per cui i grandi santi e i saggi dicono che bisogna conoscere il Sé prima di riuscire ad amare e servire gli altri disinteressatamente. Altrimenti, chissà? Potremmo essere solo innamorati del nostro ego e nulla più.

L'altruismo è la meta finale, che si può raggiungere solo dopo essersi sbarazzati dei preconcetti e della tendenza a giudicare. Ci si può comunque prefiggere l'altruismo come fine, come ideale, cercando di conseguirlo mettendo in pratica le indicazioni dei maestri.

Un uomo anziano era intento a piantare alberi di mango. Vedendo cosa stava facendo, il vicino andò da lui e gli chiese: 'Pensi di vivere abbastanza a lungo per gustare i manghi di questi alberi?'

'No, ne dubito' rispose il vecchio.

'Allora perché sprechi il tuo tempo?'

L'uomo sorrise e disse: 'Per tutta la mia vita ho avuto la gioia di gustare i manghi di alberi piantati da altri. Questo è il mio modo di esprimere la mia gratitudine verso di loro'.

L'altruismo può essere la forza motrice delle vostre azioni. Imparate a essere grati a chiunque, all'intera creazione, perfino al vostro nemico, a quelli che vi insultano e che se la prendono con voi, poiché tutti quanti vi aiutano a crescere. Essi agiscono come specchi e riflettono la vostra stessa mente. Se sapete come leggere e interpretare adeguatamente le immagini che vi inviano, potete liberarvi della mente e delle sue debolezze.

Se scegliete come fine l'amore e l'altruismo, dovete essere vigili. Osservate costantemente la vostra mente, poiché vi impedirà di agire disinteressatamente. La mente non vuole che siate altruisti; il suo solo e unico scopo è guidarvi lungo il sentiero dell'egoismo perché è egoista. Fintanto che siete identificati con la mente, non potrete che essere egoisti. Dovete abbandonarla per divenire altruisti".

Osserva la mente

Qualcuno chiese: "Com'è possibile allora sfuggire alla mente?"
La Madre rispose:
"Esercitando un'attenzione e una consapevolezza costanti. Un uomo che frequentava abitualmente l'ashram aveva l'abitudine di criticare tutti e di lamentarsi di loro per ore e ore. Non aveva mai una buona parola per nessuno. Alla fine Amma gli disse: 'Figlio, non dovresti sparlare così delle persone. Tutti hanno delle debolezze, ma anche delle buone qualità. Cerca di vedere il bene in ognuno. Questo è il modo migliore per compiere buone azioni e pronunciare buone parole'. Per qualche tempo l'uomo rimase tranquillo, ma un giorno, mentre Amma gli parlava, esclamò: 'Amma, sai che il sig. X dice che il sig. Y è molto egoista e maleducato?'

In un modo o nell'altro la mente continuerà a giocare i suoi brutti tiri. Quando Amma raccomandò all'uomo di non criticare nessuno, egli non poté controbattere, provando un profondo rispetto per lei, e così sembrò accettare il consiglio della Madre. Dentro di sé, però, rifiutò il suggerimento: la tendenza a esprimere giudizi era talmente radicata in lui che la mente non gli permise di modificare il suo atteggiamento. Vedi, la mente è molto astuta e malvagia, rifiutava il consiglio della Madre, ma allo stesso tempo desiderava fare bella figura di fronte agli altri. Assumendo atteggiamenti e comportamenti leggermente diversi, continuò il suo disgustoso gioco, dicendo ad esempio: 'Lui dice che quel tale è un poco di buono'. Guarda come opera la mente!

Fate dunque attenzione e non lasciatevi illudere dalla mente. Da secoli, vita dopo vita vi sta giocando brutti scherzi e si prende gioco di voi. Dovete innanzitutto capire che la mente è un'impostora, un'abile bugiarda che non vuole che diventiate consapevoli della vostra vera natura, il Sé. Restando sempre vigilanti, le impedirete di dire menzogne. Dovreste essere così attenti da accorgervi immediatamente se cerca di intrufolarsi dalla porta posteriore. Non dovrebbe accadere nulla senza che ne siate consapevoli, neppure un pensiero o un respiro dovrebbe sfuggire alla vostra attenzione. Quando riuscite a rimanere vigili, osservate con attenzione la mente. A quel punto essa scomparirà assieme alle trappole del passato.

L'altruismo è spontaneo

L'altruismo", proseguì la Madre, "è uno stato di totale spontaneità, che si manifesta quando siete stabiliti nel Sé.

La grande epopea dello *Srimad Bhagavatam* narra una vicenda legata al santo Samika. Questa storia vi aiuterà a capire quanto spontaneo possa essere l'altruismo. Un giorno il re Parikshit, nipote di Arjuna, uscì per fare una battuta di caccia. La caccia si rivelò lunga e spossante e il sovrano fu assalito dalla sete. Decise di cercare personalmente un luogo dove trovare dell'acqua da bere e arrivò infine all'eremo del saggio Samika. Spossato dalla sete e dalla stanchezza, chiese a voce alta dell'acqua. Il saggio era però in profondo *samadhi*, non consapevole del mondo esterno, e non rispose alle ripetute richieste del re. Sdegnato e profondamente offeso, Parikshit perse il senno: con la punta dell'arco raccolse un serpente morto, lo gettò attorno al collo del saggio e poi se ne andò. Alcuni amici di Sringi, il figlio di otto anni del saggio, videro ciò che era accaduto e lo raccontarono a Sringi, che stava giocando in un campo vicino. Infuriato per ciò che avevano fatto al padre, il fanciullo lanciò questa maledizione: 'Chiunque abbia osato compiere un gesto tanto malvagio contro mio padre, così puro e santo, fra sette giorni verrà morso dal terribile serpente Takshaka e troverà così la morte'.

Tenete presente che questo bimbo aveva appena otto anni quando pronunciò tale maledizione. Questo dimostra l'immensa forza di volontà che possedevano i bambini cresciuti negli antichi *gurukula*. La loro forza era la forza del *dharma*.

Quando il saggio uscì dal *samadhi*, rimase inorridito all'udire la maledizione proferita contro il re e, inginocchiandosi, innalzò questa preghiera: 'O Signore, nella sua ignoranza, il mio giovane figlio ha commesso l'imperdonabile errore di maledire un grande e giusto sovrano. Ti prego, annulla l'effetto della maledizione e salva il re dalla morte'. Chiamò il figlio e lo mandò al palazzo del re per informarlo della maledizione che incombeva su di lui e pregarlo di prendere i necessari provvedimenti affinché non si avverasse.

Sebbene non fu possibile neutralizzarla, questo maleficio portò dei benefici a Parikshit perché gli permise di incontrare il grande saggio Suka, che gli narrò le storie contenute nel *Bhagavatam*. In tal modo il re ottenne *moksha* (liberazione dal ciclo di nascita e morte).

Questa vicenda mostra quanto Samika fosse disinteressato e capace di perdonare. Il saggio non rimase turbato dalla mancanza di discernimento del re, e non si sentì neppure insultato né offeso in alcun modo da ciò che aveva fatto Parikshit. Quando gli raccontarono del serpente morto che il re gli aveva gettato al collo, disse al figlio: 'Hai maledetto il re senza sapere come stavano le cose: era arso dalla sete ed esausto. Nella sua disperazione, aveva un unico pensiero: bere. Quando vide che non riusciva ad avere dell'acqua, perse il controllo e gettò il serpente morto intorno al mio collo. Lui è innanzitutto il sovrano e anche se noi viviamo qui, in questa remota foresta, siamo sempre suoi sudditi. Godiamo della sua protezione, ed è grazie a lui che viviamo al sicuro e indisturbati. Per giunta, il re è un grande devoto del Signore. Avendolo maledetto, perderai la Grazia del Signore'.

Solo un animo altruista può esprimere il perdono in un modo così meraviglioso e spontaneo. Quando sei stabilito nel Sé, sei privo di ego e il tuo altruismo è spontaneo".

Improvvisamente la Madre entrò in uno stato di *bhava samadhi*. Un sorriso radioso illuminava il suo volto. Era seduta con la mano destra che formava un *mudra*: l'indice e il mignolo erano distesi, mentre le altre tre dita erano piegate. Ispirati dalla sua estasi divina, i *brahmachari* cantarono *Kurirul Pole...*

Kurirul Pole

Chi può assumere
una tale terribile forma,
nera come la notte più nera?

Chi è Colei
che esegue questa danza selvaggia
in questo campo di battaglia macchiato di sangue,
come un bouquet di fiori blu
che turbinano vorticosamente su un lago cremisi?

Chi è Colei
che ha tre occhi
che lanciano bagliori simili a dardi infuocati?

*Chi è Colei
che è incorniciata di spessi riccioli neri
che scendono sciolti come nere nubi di pioggia?*

*Perché i tre mondi tremano
quando i Suoi passi di danza
battono la terra?*

*Oh, quella radiosa fanciulla
è l'amata di Shiva,
Colui che porta il tridente!*

Dopo il canto, la Madre uscì dall'estasi. L'insegnante, curiosa di saperne di più sull'altruismo, chiese di approfondire l'argomento.

La Madre disse:

"Prima di aver raggiunto la Realizzazione, qualsiasi azione compiate in nome del servizio altruistico è colorata di egoismo, poiché è filtrata dalla mente. Solo gli atti che provengono direttamente dal Sé e dal cuore sono realmente disinteressati. Ma non preoccupatevi: con la determinazione e la giusta attitudine, alla fine riuscirete a divenire altruisti.

Continuate ad agire nel mondo in modo disinteressato. Inizialmente dovrete impegnarvi a restare concentrati sulla meta. Il vostro sforzo cosciente diverrà col tempo inconscio e vi porterà a uno stato di perfetto altruismo, che sarà allora spontaneo. Al momento, però, dovete essere sempre vigili, pronti a notare quando interviene la mente. Riconoscete la mente per ciò che è: un ostacolo, la più grande nemica sul sentiero spirituale. Sappiate che è un'impostora, ignorate il suo turbinio e chiacchiericcio.

Uno studente di medicina non è ancora un medico a tutti gli effetti. Sono necessari anni di intenso studio e di preparazione per diventare un bravo medico. Mentre svolge il suo tirocinio in ospedale, può essere chiamato dottore anche se non è ancora laureato. Perché? Perché si adopera per conseguire tale laurea, che otterrà al termine degli studi, e ogni sua attività è orientata a raggiungere questo scopo. Essere medico è la sua meta, che ha sempre presente, e si impegna ad ottenerla evitando azioni o situazioni che potrebbero impedirglielo.

Allo stesso modo, la nostra meta finale è diventare altruisti, ma non ci siamo ancora riusciti. Compiamo dunque il nostro dovere ed agiamo tenendo presente questo obiettivo. Anche se ancora non lo sono, definiamo le nostre azioni altruistiche, proprio come un tirocinante di medicina viene chiamato "dottore". Stiamo esercitandoci a diventare altruisti e abbiamo ancora un lungo cammino davanti a noi. Dovremmo dedicarci a raggiungere il nostro scopo ed evitare pensieri futili; mentre agiamo, non dovremmo essere attaccati all'azione o al suo frutto.

L'azione si svolge adesso, in questo momento, è il presente, mentre il frutto è il futuro. Vivete nel momento presente. Imparate ad agire senza attaccamento e non curatevi del risultato. Un tale atteggiamento purificherà la mente da tutte le negatività e impurità, e gradualmente vi eleverà verso la devozione e l'amore disinteressato, fino allo stato ultimo della Conoscenza suprema.

Potremmo chiederci se gli esseri umani hanno la capacità di raggiungere uno stato in cui regna l'amore e l'altruismo. Figli, la verità è che solo gli esseri umani sono in grado di accedervi. Tutto dipende da come pensiamo e agiamo. Questo mondo ci appartiene: siamo liberi di farne un paradiso o un inferno. Nella natura, tutto rimane immutato. Soltanto l'essere umano ha il potere di scegliere; e se sceglie la via sbagliata, ogni cosa andrà storta. L'uomo può prepararsi un letto di spine avvelenate o di fiori dal profumo divino. Purtroppo, guardando la condizione del mondo, vediamo che egli sta rapidamente preparando il suo letto di morte. Consapevolmente o inconsapevolmente, le persone si allontanano dalla vera vita e si avvicinano alla morte. L'immortalità è qui, alla loro portata, ma esse non se ne curano. In verità, la morte non è un fenomeno naturale: lo è per il corpo, ma non per il Sé, che è la nostra vera natura. Anche il dolore è innaturale, poiché la gioia è il nostro stato naturale, così come lo sono la vita e il principio della vita. Tuttavia, sembra che l'uomo sia ansioso di abbracciare la morte e la sofferenza: ha dimenticato come sorridere. Solo quando fate l'esperienza della gioia dell'*Atman*, potete sorridere veramente. Attualmente, non proviamo molta gioia perché i nostri cuori sono pieni di dolore e ogni nostro pensiero, ogni nostra parola e azione lo riflettono. Come abbiamo potuto cadere dallo stato di immortalità? Figli, il dubbio e la paura ci hanno allontanato dalla vera gioia e dall'immortalità. Se compiamo azioni altruistiche, possiamo ritrovare quella gioia perduta e dimenticata. Possiamo riscoprire l'immortalità, che è il nostro vero stato, attraverso l'amore e gli atti disinteressati.

Non occorre seguire uno speciale tirocinio per comportarsi egoisticamente, perché l'egoismo è la caratteristica degli esseri umani. Mentre la natura intera - gli uccelli, gli animali, le montagne, i fiumi, gli alberi, il sole, la luna e le stelle – è un chiaro esempio di servizio disinteressato, l'uomo è l'unica creatura che agisce con estremo egoismo e avidità. Identificandosi con l'ego, ha trasformato l'esistenza in qualcosa di poco valore. Ai suoi occhi, la vita ha perso il suo carattere sacro ed è diventata un modo per farsi gli affari propri.

La vita, l'intero universo, è un gioco della coscienza divina, ma l'uomo l'ha trasformato in un gioco dell'ego.

La mente negativa

L'uomo non ha bisogno di apprendere ad essere egoista perché lo è già, tranne quando è nello stato di sonno profondo. Perfino i suoi sogni sono egoistici, essendo la proiezione di una mente egoista. Poiché la mente è per sua natura negativa, lo sono anche la maggior parte dei sogni. Lo stato di sogno è una proiezione del passato. Se il passato non scompare, non si può progredire spiritualmente.

Vi è un bellissimo episodio nel *Mahabharata* nel quale Karna descrive la natura incostante e negativa della mente. Karna era onorato da tutti per la sua gentilezza e la sua grande generosità. Un giorno, mentre si stava applicando dell'olio ai capelli prima di fare il bagno, arrivò il Signore Krishna che gli chiese in dono la preziosa coppa d'olio. Krishna lo stava mettendo alla prova: si diceva infatti che Karna regalasse senza esitare tutto ciò che gli si chiedeva. Non si lasciava mai sfuggire un'occasione in cui avrebbe potuto donare. Quando Krishna fece questa richiesta, Karna fu un poco sorpreso ed esclamò: 'Mio Signore, è davvero strano che Tu chieda un oggetto così insignificante. Ma chi sono io per giudicare? Eccola, è Tua!' Avendo la mano destra piena d'olio, porse la coppa con la mano sinistra. Il Signore lo rimproverò perché in India è molto scortese offrire qualcosa con la mano sinistra.

'Perdonami Signore! Come vedi, la mia mano destra è molto unta e temevo che, lavandola, la mia mente infida ne approfittasse per cambiare idea e decidesse di non darTi più la coppa. In tal modo, questa mente incostante mi avrebbe privato della provvidenziale opportunità di offriTi qualcosa. Questo è il motivo per cui ho agito senza perdere un secondo. Ti prego di scusarmi' esclamò Karna.

Figli, ecco un'eccellente descrizione della mente. Con questo, Amma non sta dicendo di astenervi dall'agire né di non manifestare più amore sino a quando avrete raggiunto uno stato di perfezione. Perseverate nel vostro sforzo sincero di amare e di agire altruisticamente. Amma desidera però che siate coscienti di quanto sottile è l'ego. Se non siete sempre attenti e consapevoli, esso vi ingannerà ed entrerà di nascosto dal retro.

Figli, non è possibile aiutare qualcuno senza trarne dei benefici, né nuocere a qualcuno senza far del male a se stessi. Ascoltate questa storia che hanno recentemente raccontato ad Amma: mentre camminava, un uomo urtò un suo amico. Vedendo che stava borbottando, l'amico gli disse: 'Cosa ti è successo? Perché sei così inquieto?'

L'uomo rispose: 'È a causa di quello stupido taxista all'incrocio. Ogni volta che lo incontro, mi dà un colpo sulla schiena. Ho deciso quindi di fargliela pagare!'

'Non cacciarti nei guai', gli raccomandò l'amico.

'Adesso basta, non ne posso più! Devo dargli una lezione!' insistette il brontolone.

'D'accordo. Cosa pensavi di fare?'.

'Senti', disse lo scontroso, 'oggi vado a prendere un candelotto di dinamite e lo nascondo sotto il mio cappotto. E così non avrà più il braccio con cui colpirmi!'"

Questa storia suscitò grandi risate. Dopo qualche istante, la Madre continuò dicendo:

"Figli, avere un comportamento altruista ci aiuta ad evolvere spiritualmente. In realtà, aiutando gli altri aiutiamo noi stessi. Per contro, quando compiamo un atto egoista ci facciamo del male. Imparate a benedire chiunque. Non maledite nessuno, poiché un essere umano non è semplice fagotto di carne e di sangue. Vi è una coscienza che opera in ognuno di noi. Questa coscienza non è un'entità separata, ma una parte del Tutto, dell'Unità suprema. Ciascun atto si riflette nel Tutto, nell'unica mente universale, e ci ritorna indietro con la stessa intensità. Ogni nostra azione, buona o cattiva, si riflette nella Coscienza universale. Imparate quindi ad essere altruisti e a benedire tutti gli esseri. Pregate per loro, perché abbiamo bisogno del sostegno e delle benedizioni di ogni elemento del creato per elevarci.

Quando preghiamo per gli altri, l'intero universo prega per noi e quando benediciamo gli altri l'intero universo ci benedice, poiché l'uomo è uno con l'energia cosmica.

Perché Krishna chiese a tutta la popolazione di Vraj di onorare Govardhana[3]? Krishna trasformò il giorno di culto dedicato a Indra in una grande festa. Krishna non aveva bisogno di ricevere benedizioni da nessuna creatura celeste e si comportò in quel modo per insegnare all'umanità a cercare e a ottenere le benedizioni di tutta la creazione".

Anche la nostra amata Madre segue questa linea di pensiero: quando consacra un tempio *Brahmastanam*, prima di installare l'idolo, si affaccia a ciascuna delle quattro porte del sancta sanctorum e a mani giunte chiede ai devoti le loro benedizioni: "Il tempio sta per essere consacrato. Figli, accordate la vostra benedizione", dice. La Madre, che impersona l'infinito potere di Dio ed è in grado con un semplice sguardo di benedire l'intero creato, chiede il permesso e le benedizioni dei suoi figli: ecco uno straordinario esempio di umiltà e una grande lezione per tutti noi, che ci insegna ad invocare la benedizione di ogni essere vivente, persino della creatura più insignificante.

---

[3] Govardhana è una collina sacra vicino al luogo di nascita del Signore Krishna. Nello *Srimad Bhagavatam* si narra che Krishna sollevò questa collina e la tenne sulla mano destra per una settimana; in tal modo, gli abitanti di Vraj sfuggirono al violento nubifragio causato da Indra, furioso perché Krishna aveva annullato il giorno dedicato a lui e quindi non aveva ricevuto dalla gente di Vraj nessuna offerta.

Capitolo 5

Terminato il programma a Kodungallur, Amma salì sul pulmino assieme ai residenti dell'ashram per tornare a casa. Quando arrivarono ad Alleppey, il pulmino smise improvvisamente di funzionare. *Brahmachari* Ramakrishnan, che stava guidando, guardò preoccupato la Madre: uscì dalla macchina ed esaminò il motore, senza però riuscire a individuare nessun problema. Cercò di rimettere l'auto in moto senza alcun successo e così chiese ad Amma se doveva chiamare un meccanico oppure noleggiare un altro pulmino. La Madre non rispose e fece un sorriso. Uscì dalla macchina e prese a camminare. Ramakrishnan era molto preoccupato. Poiché tutto il gruppo stava camminando assieme alla Madre, li seguì, sperando che Amma gli fornisse delle indicazioni, ma lei continuò ad ignorare le sue domande. Dopo qualche minuto giunsero dal signor Sekhar, che abitava lì vicino. Sia lui che la sua famiglia erano profondamente devoti alla Madre e quando la videro, la loro gioia non ebbe limiti. Piangevano e ridevano al tempo stesso, e nella confusione generale cercavano di organizzare un benvenuto tradizionale in suo onore. Con le lacrime agli occhi, svolsero la *pada puja* ai piedi della Madre mentre cantavano alcune strofe del *Devi Mahatmyam*.

Devi Mahatmyam

O Regina dell'universo,
Tu proteggi tutti i mondi.
Sé dell'universo,
suo sostegno,
sei la Dea degna di essere adorata
dal Signore del creato.
Coloro che si inchinano devotamente a Te
diventano essi stessi il rifugio dell'universo.

> *O Devi, sii favorevole*
> *e proteggici dal terrore dei nemici,*
> *così come hai appena fatto distruggendo gli asura.*
> *Elimina rapidamente i peccati di tutti i mondi*
> *e le grandi calamità*
> *preannunciate da funesti presagi.*
>
> *O Devi, che distruggi la sofferenza dell'universo,*
> *ci prostriamo a Te.*
> *Accordaci la Tua benedizione.*
> *Sei degna di essere adorata*
> *dagli abitanti dei tre mondi.*
> *Effondi su tutto il creato la Tua grazia.*

Da molto tempo questa famiglia attendeva una visita della Madre. Gli era giunta la notizia che, terminato il programma di Kodungallur, sarebbe tornata all'ashram passando da Alleppy e speravano ardentemente che visitasse la loro casa. Fin dal mattino lei era l'argomento di ogni loro conversazione, e proprio prima dell'arrivo di Amma, il signor Sekhar e suo padre si dicevano che era piuttosto improbabile che venisse senza essere invitata. Un attimo dopo la Madre era davanti alla loro porta. Non potevano credere ai loro occhi, gli sembrava di sognare.

Dopo la *pada puja*, la Madre si diresse verso la camera in cui c'era il piccolo altare della famiglia e celebrò l'*arati*. Al termine, chiamò singolarmente ogni persona, conversando con ciascuno di loro. Ascoltò le pene del loro cuore e con affetto li rincuorò con il suo tocco compassionevole e con le sue parole ristoratrici. La Madre rimase tre quarti d'ora con loro.

Quando uscì dalla casa, un triste e confuso Ramakrishnan la stava attendendo. Amma si diresse verso il pulmino senza dire una parola. Quando raggiunsero il veicolo, Ramakrishnan disse: "Amma, il pulmino non è stato riparato".

La Madre salì e disse: "Prova a riavviarlo".

Ubbidendo, Ramakrishnan girò la chiave e immediatamente la macchina si mosse tranquillamente. Con un grande sorriso, Ramakrishnan si volse verso la Madre ed esclamò: "Si trattava dunque di un altro dei tuoi *lila*!" L'espressione birichina sul viso della Madre sembrava dire: "Figlio, hai appena visto solo una minuscola parte di questo *lila* infinito".

Vivere con la Madre è come essere un aereo pronto al decollo: uscito dal parcheggio, si dirige lentamente verso la pista e poi comincia ad aumentare la velocità finché si stacca da terra. Se impariamo a vivere alla presenza della Madre con amore e abbandono, raggiungeremo la velocità necessaria per decollare. Questo è certo. In sua presenza, non rimanete sempre gli stessi, ma subite una trasformazione interiore. Man mano che vi addentrate nel regno che vi si sta schiudendo, quello del vostro vero essere, i vostri schemi scompaiono.

Sulla strada del ritorno, la Madre si recò presso le case di altri due devoti di Harippad. Erano le sette e mezzo di sera quando raggiunse con il gruppo l'ashram. *Brahmachari* Anish (Swami Amritagitananda) la stava aspettando. In quel periodo frequentava un corso sul Vedanta in un'altra organizzazione spirituale di Bombay ed era la prima volta che veniva all'ashram. Amma si sedette vicino al vecchio tempio e parlò con Anish, mentre i residenti cantavano i *bhajan* della sera. Il gruppo che aveva accompagnato la Madre si unì a loro. Cantarono *Akalatta Kovilil*.

Akalatta Kovilil

In un tempio lontano,
la fiamma bruciava sempre viva
per guidare coloro
che brancolavano nel buio.
In tal modo la Madre mostrava

la Sua compassione.

Un giorno, mentre passavo di lì,
la radiosa Dea mi fece un cenno con la mano.
Aprì il santuario sacro,
prese della cenere sacra e
l'applicò sulla mia fronte.

Cantando le lodi del Signore,
con le Sue dolci mani
mi preparò un giaciglio.
Fu allora che ebbi un sogno nuovo
che proclamava la verità:
"Perché piangi?
Non sai che sei giunto ai piedi sacri del Signore?"

Mi svegliai con un sospiro
e con grande chiarezza vidi
quel viso di loto.

L'amore e la libertà

Dopo i *bhajan* tutti rimasero tranquillamente a guardare la Madre, seduta sul lato sud del tempio. Uno dei *brahmachari* le fece improvvisamente questa domanda:

"L'eterna libertà da tutti i legami è la meta di un vero ricercatore spirituale. Ma sembra che vi sia un fraintendimento a riguardo, e alcuni facciano una distinzione tra realizzare la libertà eterna e seguire la via dell'amore e della devozione. Amma, potresti chiarire meglio questo punto?"

La Madre rispose:

"L'amore e la libertà sono una sola cosa, non c'è differenza. L'amore e la libertà sono interdipendenti: senza amore non può esserci libertà e senza libertà non ci può essere amore. Per conseguire la libertà eterna, bisogna che tutte le tue negatività siano state sradicate. Quando entri nel regno dell'amore, il meraviglioso e fragrante fiore della libertà e della suprema beatitudine schiude i suoi petali.

Ecco una vecchia storia su un gruppo di monaci che vivevano in un monastero con il loro maestro e conducevano una vita di devozione e di ascesi. Le persone venivano da lontano per respirare l'aria meravigliosa e spirituale che vi regnava. Un giorno il maestro lasciò il corpo. All'inizio i discepoli continuarono a vivere come avevano sempre fatto, ma a poco a poco cominciarono a lasciarsi andare, la devozione e la disciplina svanirono e il monastero cadde in declino. La gente smise di frequentarlo e nessun novizio chiese di unirsi alla comunità. Tutti i religiosi erano profondamente scoraggiati e spesso litigavano. Il loro cuore si era inaridito e non provavano più amore né devozione.

Un giorno, un monaco anziano decise che bisognava intervenire in qualche modo. Aveva sentito parlare di un maestro spirituale che viveva come un eremita in una foresta vicina e così lasciò il monastero per chiedergli consiglio. Quando lo trovò, gli raccontò lo stato di degrado del monastero e della sua situazione disperata.

Il maestro sorrise e disse: 'Tra voi c'è un grande santo, un'incarnazione di Dio. La comunità non gli porta però nessun amore e rispetto ed è questa la causa di tutti i vostri problemi. Sotto false sembianze, tra voi vive un'incarnazione del Divino, che mantiene nascosta la sua identità'. Alla fine di queste parole, il maestro chiuse gli occhi e andò in *samadhi*. Il monaco non poté dunque chiedere altre informazioni.

Mentre era sulla via del ritorno, il monaco si domandava chi fra i suoi confratelli fosse questa incarnazione. 'Forse il monaco lavandaio? Impossibile, ha un così cattivo carattere. Forse il cuoco? No, neppure lui, è così poco attento nel suo lavoro e poi non sa cucinare'. Nella sua mente, passò in rassegna tutti i monaci, escludendo ognuno di loro per un difetto o l'altro. Improvvisamente pensò: 'Eppure deve essere uno dei monaci, così ha detto il maestro. Non riesco però a scoprire chi sia poiché io vedo soltanto le pecche. E se il Santo stesse deliberatamente mostrando alcune mancanze per camuffarsi meglio?'

Raggiunto il monastero, riferì ai confratelli il grande messaggio del maestro. Stupiti, cominciarono a guardarsi l'un l'altro per individuare chi potesse essere l'incarnazione. Ognuno sapeva bene che non era lui. Osservandosi, continuavano a vedere solo i soliti confratelli, con tutti i loro difetti e le loro pecche. Si riunirono ed ebbero una vivace discussione su chi potesse essere tra loro l'eventuale *Mahatma*. Qualcuno propose di impegnarsi a portare reciproco rispetto, di essere umili e gentili tra loro perché, non conoscendo il misterioso *Mahatma*, non era bene essere irrispettosi o arroganti. Tutti i monaci approvarono entusiasti il suggerimento e da allora cominciarono a trattarsi in modo diverso, con stima e gentilezza. Impegnandosi a vedere solo il meglio di ognuno, cominciarono a volersi bene. Non avendo idea di chi fosse questo Essere Divino, potevano solo supporre che avrebbero potuto vederLo in ogni confratello. Grazie all'amore che riempiva i loro cuori, il laccio della negatività che li aveva imprigionati così a lungo si spezzò e iniziarono gradualmente a percepire con chiarezza il Divino non solo negli altri, ma ovunque, perfino all'interno di loro stessi. Raggiunsero così lo stato di libertà eterna. L'atmosfera del monastero cambiò completamente e la gente cominciò a tornarvi per impregnarsi dell'amore e della santità che vi regnavano.

Figli, l'amore e la libertà sono dunque interdipendenti.

L'affrancamento dalla schiavitù della mente e dell'ego creerà in noi un flusso d'amore. La gente è legata al passato e al futuro. Ecco perché è così difficile trovare l'amore vero nel mondo. Per essere davvero capaci di amare, il passato e il futuro devono entrambi dissolversi e scomparire. In tal modo farete l'esperienza del momento presente così com'è, e vivendo in uno stato di completa apertura, potrete passare all'istante successivo, mantenendo la stessa apertura. Quando vivete nel momento presente, siete completamente nel *qui e ora* e non vi importa di ciò che accadrà un attimo dopo, non ci pensate neppure, non avete preoccupazioni, né timori e né idee preconcette. Mentre passate al momento successivo, lasciate andare quello precedente. Il passato perde importanza, lo dimenticate. Niente può legarvi, siete per sempre liberi. Per poter amare davvero, non bisogna essere vincolati a nulla. Al tempo stesso, per essere completamente liberi è necessario avere in sé l'amore. Se siete pieni di collera, di paura o di gelosia, sarete schiavi di queste emozioni. Qualsiasi cosa pensiate, facciate o diciate, sarà colorata delle vostre negatività. Come potete essere liberi quando rimanete legati ai rimpianti del passato e alle preoccupazioni per il futuro? Se in nome della libertà fuggite in una grotta dell'Himalaya o in qualche posto solitario, andrete solo incontro a delle difficoltà. Vi sentirete presto soli, e cosa succede quando siete in preda alla solitudine? Vi tormentate e cominciate a sognare e a rimuginare. Solo quando impariamo ad amare tutti e tutto saremo davvero liberi. Sarà allora che la notte dell'ignoranza terminerà e sorgerà il giorno della Realizzazione suprema.

    Amma ha udito questa storia: un maestro spirituale chiese ai suoi discepoli: 'Come sapete che la notte è finita e che è sorto un nuovo giorno?' Un discepolo rispose: 'Quando vedi qualcuno da lontano e riesci a distinguere se è un uomo o una donna'. Il Maestro scosse il capo. Un altro discepolo disse: 'Quando puoi vedere un albero in lontananza e affermare che si tratta di un albero di mango o di mele'. Ma anche questo non era esatto. Incuriositi, i discepoli lo pregarono di fornire la risposta corretta.

Il maestro sorrise e disse: 'Quando vedi tuo fratello in ogni uomo e tua sorella in ogni donna, allora la notte è finita ed è sorto un nuovo giorno. Fino ad allora, anche se il sole illumina la terra a mezzogiorno, è sempre notte e tu vivi nell'oscurità'.

Figli, è bene tenere in mente questa storia. Solo quando imparerete ad amare ognuno in modo equanime, sarete davvero liberi. Fino ad allora, siete schiavi della mente e dell'ego.

Per essere liberi è dunque indispensabile amare. Ma per poter amare altruisticamente bisogna essere liberi da ciò che ci lega, fisicamente o psicologicamente".

Vivere secondo il proprio dharma

Un devoto fece questa domanda: "Amma, noi siamo padri di famiglia e dobbiamo lavorare nel mondo per guadagnarci da vivere e mantenere la famiglia. Come dobbiamo comportarci per fare l'esperienza di questo amore e di questa libertà?"

La Madre rispose:

"Figli, rimanete pure dove siete e svolgete il vostro dovere con amore e dedizione. Se siete sposati e vivete nel mondo, non fuggite, non abbandonate il vostro lavoro e le vostre responsabilità di marito o di moglie o di genitore. Non pensate che Dio vi accetterà solo se rinunciate al vostro dovere e indossate la veste ocra. No, non è così. Continuate a indossare i soliti abiti e ad assolvere ai vostri doveri; non abbandonate la vostra casa né il vostro lavoro, e imparate al tempo stesso a vivere nel vostro vero Sé. Questo è il compito più importante. Di solito apprendiamo qualsiasi cosa tranne l'arte di risiedere nel nostro Sé.

Dovremmo sforzarci di vivere secondo il nostro *dharma* e non cercare di adottare quello di un altro. Sarebbe pericoloso farlo. Immaginate un dentista che eserciti la professione di cardiologo e decida di curare un paziente malato di cuore: sarebbe un pericolo per se stesso e per i malati se cercasse di svolgere ciò per cui non è qualificato. Inutile dire quindi che un dentista deve rimanere nell'ambito della sua professione, ne ha già abbastanza di suo. Sforzandosi di agire scrupolosamente, con amore, con dedizione e con abbandono di sé è possibile raggiungere la perfezione".

Un devoto fece questo commento: "Nella Bhagavad Gita è scritto: *'È meglio adempiere al proprio dovere che al dovere altrui. Meglio trovare la morte compiendo il proprio dharma. È pericoloso seguire quello di un altro'*". (cap.3, v.35)

La Madre sorrise e continuò:
"Non si può vivere senza compiere un'azione fisica, mentale o intellettuale. Tutti siamo costantemente occupati in qualche azione: questa è una legge immutabile della natura. Nessuno diventa puro o altruista in una notte. È un'impresa che richiede tempo e sforzo prolungato, accompagnati da infinita pazienza e amore. Compite le azioni nel mondo senza dimenticare che lo scopo ultimo della vita è affrancarsi da ogni legame e da ogni limitazione. Ricordatevi sempre che avete una meta più alta da raggiungere. Continuate dunque a fare ciò che occorre senza trascurare delle opportunità per agire in modo altruistico. In tal modo la vostra mente si purificherà gradualmente e la vostra devozione aumenterà. Perseverando, acquisirete una maggiore lucidità mentale e una comprensione più profonda. Tutto questo vi condurrà infine allo stato di perfezione, allo stato in cui si realizza il Sé.

Qualsiasi azione svolta con la giusta attitudine, comprensione e discriminazione vi porterà più vicino alla liberazione. Per contro, compiere lo stesso atto senza la giusta attitudine, vi legherà.

Un'azione può essere purificante e aiutarvi a realizzare la vostra natura spirituale oppure può aumentare le vostre negatività, causando enorme sofferenza.

Cercate di praticare la consapevolezza quando siete impegnati in un'azione. Prestando una costante attenzione, comincerete gradualmente ad accorgervi dell'inutile peso dei pensieri negativi che portate. Essere vigili vi aiuta a lasciare cadere tutti i vostri fardelli e ad essere liberi.

Nulla dovrebbe sfuggire alla vostra attenzione. Neppure un singolo pensiero dovrebbe svanire senza che ve ne rendiate conto. Osservate da vicino la mente e i suoi diversi stati: grazie alla consapevolezza, vedrete con chiarezza cosa sta succedendo dentro di voi. Se siete attenti quando monta la collera, non potrà passare inosservata. Ma non basta osservare. Cercate di individuare la causa delle emozioni come l'ira".

Come riconoscere ed estirpare la collera

Qualcuno chiese: "Amma, com'è possibile scoprire la causa della collera e sradicarla?"

La Madre rispose:

"Ci deve essere un motivo che ha scatenato la collera, un movente che ha premuto la leva di comando e l'ha fatta fuoriuscire. Questa causa è invisibile e la dovete cercare dentro di voi. La collera è in superficie, ed è per questo che la potete vedere quando praticate l'introspezione. Ora dovete cercarne la radice, nascosta nel subconscio, nelle profondità della mente. Solo estirpandola potrete distruggere la collera che crea turbolenza in superficie.

L'ira che traspare può essere paragonata a un albero: la causa che l'ha scatenata è simile all'invisibile radice che affonda nel terreno. Tutta la forza dell'albero è contenuta nelle radici. Se volete abbattere un albero, è sufficiente che lo sradichiate. Togliendo le radici, l'albero automaticamente muore. Analogamente, quando diventate consapevoli di un'emozione negativa, dovete praticare l'introspezione e ricercarne la causa. Proprio come l'albero esiste grazie alle radici, la negatività che avete in voi è alimentata da una causa che si trova nelle profondità della mente. Cercatela e trovatela. Quando l'avrete individuata, questo sentimento negativo scomparirà e non tornerà mai più. Per riuscire a fare questo, è necessaria la vigilanza.

Quando siete attenti, non potete andare nella direzione sbagliata né agire scorrettamente. Un'attenzione costante vi purifica a tal punto che voi stessi divenite l'incarnazione della purezza; tale stato elevato è il vostro vero essere, dove tutte le vostre intenzioni, parole ed azioni sono cristalline. Il fardello delle impurità scompare e brilla soltanto la luce della purezza. Ai vostri occhi ogni cosa è pura Coscienza, vedete tutto con occhio equanime.

Le apparenze esterne perdono significato, poiché avete sviluppato la capacità di penetrare profondamente e vedere attraverso ogni cosa. La materia, sempre mutevole, è ora priva di importanza. In tutto percepite solo l'*Atman* immutabile (il Sé)".

La Madre chiuse gli occhi e iniziò a cantare *Santamayi Orukatte*.

Santamayi Orukatte

Possa il fiume della vita scorrere serenamente
e congiungersi infine
all'infinito oceano di silenzio.
Possa fondersi
nell'oceano di Sat-Chit-Ananda.

L'acqua del mare evapora
e si addensa in nubi cariche di pioggia,

*per poi ridiscendere e formare
fiumi che scorrono rapidi
affrettandosi a gettarsi nell'oceano.*

*Sebbene variegate, le nostre esperienze
hanno un senso nel Gioco divino.
La nostra vita, cammino battuto dai venti,
è sospinta dall'urgenza di perdersi
e di raggiungere
il grande Aldilà, il Divino.*

*Il fiume della Vita continua così a scorrere,
le esperienze e la saggezza diventano più profonde.
Che possa fluire dolcemente, senza ostacoli,
verso l'unione finale con il Signore.*

La Madre è l'incarnazione della purezza e dell'amore supremo. In sua presenza la purificazione avviene senza sforzo. L'intero universo si rispecchia in quella purezza e si può percepire l'energia cosmica. Offrendoci a questa suprema luce, purezza e amore, verremo purificati. Amma accetterà con gioia le nostre impurità e in cambio ci donerà purezza e amore. Rivolgiamole questa preghiera: "O Madre, ecco il Tuo bambino! Non ho altro da offrirti che le mie negatività. Tu che accordi ogni cosa, accetta come offerta la mia vita: purificami e rendimi un Tuo puro strumento, per sempre".

Chiediti: perché non posso sorridere ed essere felice?

Una devota americana disse alla Madre: "Amma, il mio passato mi tormenta. Non ci sono vie d'uscita? Mi dici di sorridere, ma non riesco a farlo. Mi sento molto tesa e piena di paura. Cosa posso fare per superare questi sentimenti e sorridere, come mi chiedi di fare?"

"Figlia", disse la Madre, "finché porti il fardello del tuo passato non puoi sorridere veramente. Chiediti: 'Perché sono triste? Perché mi è impossibile sorridere ed essere felice?' Osserva la bellezza e la perfezione della natura. Ogni cosa in natura è piena di gioia, anche se non possiede l'intelligenza degli esseri umani. Tutto il creato è un inno alla gioia. I fiori più belli vengono colti dalle persone e il loro gambo viene reciso. Alcuni vengono impiegati per comporre ghirlande, altri sono calpestati con noncuranza. La vita del fiore è molto breve, eppure si dona agli altri senza riserve. Offre persino il suo nettare alle api e così è felice. Le stelle brillano nel cielo, i fiumi scorrono felici, le fronde degli alberi danzano al vento e gli uccelli cinguettano. Dovresti chiederti: 'Perché, allora, sono così triste pur essendo immersa in questa gioiosa celebrazione?'

Chiediti ripetutamente: 'perché' e finirai per trovare la risposta. La risposta è che i fiori, le stelle, i fiumi, gli alberi e gli uccelli non hanno un ego, quindi nulla può ferirli. Quando sei senza ego, conosci solo la gioia. Perfino circostanze solitamente dolorose vengono vissute nella gioia.

Ma sfortunatamente tu hai un ego, e sei stata ferita dalle persone innumerevoli volte. C'è tantissima sofferenza dentro di te. La tua individualità, il tuo ego, è stato offeso e le ferite che hai ricevuto sono infette e trasudano pus e sangue. È incredibile come si decida di vivere in questo modo senza cercare una terapia efficace.

Come abbiamo detto precedentemente, la cura migliore è osservare attentamente la mente, così da far affiorare la causa nascosta delle proprie sofferenze. L'ego è il movente, la radice invisibile ma potente che va portata alla luce. Smascherandolo, si dissolve dicendo: 'Non ho nulla da fare qui e quindi, addio, me ne vado per sempre'. Non ti dirà: 'Ritorno dopo'. Svelare l'ego equivale a distruggerlo, è come stanare un ladro dal suo nascondiglio. Abbandona le amarezze del passato e rilassati. Rilassandoti, acquisirai maggiore forza e vitalità. Il rilassamento è una tecnica che ti consente di avere un assaggio della tua vera natura, del potere infinito, fonte della tua esistenza. Impara a essere rilassata quando vivi periodi stressanti e faticosi. Impara a prendere le distanze e a osservare i pensieri negativi, i sentimenti feriti e la sofferenza mentale. Mentre lo fai, non alimentare e non lasciarti più prendere dall'inquietudine e dall'angoscia. Quando avrai appreso la tecnica del rilassamento, capirai che la tensione, i fardelli e le negatività che ti opprimono appartengono alla mente e non al Sé interiore, alla tua vera natura.

Forse all'inizio non riuscirai a rilassarti completamente, forse ne avrai qualche assaggio, sufficiente però a suscitare il tuo interesse. Si tratta di un'esperienza meravigliosa e quando la provi vorrai ripeterla più volte, sempre di più. Appena padroneggerai la tecnica che ti permette di accedere a questo stato, il desiderio di dimorarvi non farà che crescere e rafforzarsi. Per qualche istante riuscirai a dimenticare tutto, per qualche secondo avrai sperimentato la pace e la gioia autentiche e non potrai più scordare questi momenti preziosi. Inoltre, il vibrante risveglio che sentirai dopo il rilassamento è indescrivibile e proverai l'ardente desiderio di tornare in quello stato.

Ricorda: il rilassamento ti infonde la forza e l'energia per affrontare le sfide che ti aspettano in futuro. Sii quindi rilassata e al tempo stesso vigile".

La Madre chiese ai *brahmachari* di cantare un *bhajan*. Cantarono *Anantamayi Patarunnor*.

Anantamayi Patarunnor

Aprendosi, il cielo si espande e diventa infinito,

*l'essere interiore vibrante di entusiasmo
si risveglia!
O Madre!*

*Dea Ambika, Vergine eterna,
Infinita, Immacolata e piena di beatitudine...
Mai, non permettere mai più
a chi Ti implora
di cedere alla tentazione!
I giorni passano
e il dolore del mio cuore aumenta.
Non lo sai,
Signora del mio cuore?*

*Non ho una Madre?
Oh... non ho una Madre?
Dimmi, o Madre di beatitudine,
dimmi...
Non desidero né la Beatitudine né altro.
Accordami soltanto puro amore e pura devozione.*

Vigilanza e shraddha

Quando il canto finì, tutti sedettero in silenzio per un po' di tempo fino a quando venne posta una domanda:
"Amma, la vigilanza ha lo stesso significato di *shraddha*?"
"Figli", rispose la Madre, "si può riassumere tutta la spiritualità in una sola parola: *'shraddha'*. *Shraddha* è la fede incondizionata del discepolo nelle parole del Maestro o nelle Scritture. Le parole del Maestro sono in perfetto accordo con le parole delle Scritture. In realtà, le parole di un vero Maestro sono le Scritture. Un discepolo che ha tale fede osserva costantemente la mente e i suoi pensieri. In questo senso, *shraddha* significa anche attenzione, e

dimorare in uno stato di "costante consapevolezza". Ma questo è possibile solo quando siete rilassati. Chi è teso e agitato e continua a pensare ai suoi insuccessi, non può né essere attento né pienamente consapevole del momento presente. E non lo sarà neppure chi continua a fantasticare sul futuro. Entrambi questi stati d'animo vi renderanno apatici e vi toglieranno ogni creatività e zelo. Il rilassamento accresce invece la vostra consapevolezza e fa trasparire il vostro vero essere. Solo una persona rilassata può rimanere attenta e consapevole.

Figli, gli insuccessi sono inevitabili nella vita. Supponete di avere inciampato e di essere caduti. Non vi direte: 'Bene, ora che sono a terra, mi sdraierò e resterò qui per sempre. Non mi alzerò più e non riprenderò il cammino'. Un tale modo di pensare sarebbe ridicolo.

Un bimbo che sta imparando a camminare cadrà innumerevoli volte prima di riuscirci. Allo stesso modo, gli insuccessi sono parte della vita. Ricordatevi che ogni fallimento porta con sé una promessa di successo. Proprio come le cadute di un bebè, i nostri fallimenti segnano l'inizio della nostra ascesa verso la vittoria finale. Quindi non c'è motivo di sentirsi delusi o frustrati. Non rimanete nell'oscurità, uscite alla luce.

Voi siete la luce di Dio

Voi non appartenete all'oscurità. Le tenebre sono una prigione creata dalla vostra stessa mente e dall'ego: l'avete costruita voi e vi siete imprigionati da soli. Non è la vostra vera dimora perché appartenete alla luce, siete la luce di Dio. Allontanatevi quindi dalle tenebre e prendete consapevolezza di essere rinchiusi e riconoscete la prigione per quello che è. Comprendete che non è la vostra vera casa. L'avete costruita voi e avete anche forgiato le catene. Nessun altro è responsabile o implicato in tutto questo.

Divenite coscienti che l'oscurità è oscurità e non luce. Siamo nelle tenebre, ma purtroppo crediamo di essere nella luce. Sono i pensieri a costituire il problema. Ci siamo completamente identificati con il processo del pensare.

Nel nostro stato mentale attuale, sebbene siamo nell'oscurità e incatenati dall'ego che abbiamo creato, crediamo di essere liberi e nella luce. Scambiamo le tenebre per la luce, e le catene per la libertà. Bisogna prendere coscienza di questa situazione: non capiamo di essere incatenati e in una cella perché vi dimoriamo da tanto tempo. Queste catene ci sembrano gioielli e la cella la nostra casa. Ciò che consideriamo ornamenti – la fama, il potere e la ricchezza – sono, di fatto, le catene che ci imprigionano. Questa nostra concezione erronea ha introdotto l'infelicità e la tristezza nella nostra vita e così non riusciamo a sorridere veramente. Ma la verità è proprio l'opposto: noi siamo la luce del Divino, e la beatitudine è un nostro diritto di nascita. Noi siamo l'infinito *Atman*, eternamente libero.

Dentro di noi abbiamo una reminiscenza della nostra vera natura. A volte questo vago ricordo riaffiora più vivido, sebbene per la maggior parte del tempo non ne siamo coscienti. Questo è il motivo per cui rimaniamo incatenati. Ogni volta che emerge questo ricordo, cerchiamo di liberarci, ma la natura delle catene fa sì che più ci sforziamo di scioglierle, più ci avvolgono. Smettete di dibattervi, calmatevi e rilassatevi, e scoprirete di essere liberi. È sufficiente prendere coscienza di essere legati per liberarsi dalle catene. Vi state aggrappando a tutti gli oggetti illusori creati dalla mente e stupidamente vi identificate con i pensieri, creando così la vostra stessa prigione nella quale vi siete rinchiusi. Come potrete uscirne? È molto semplice: smettete di aggrapparvi e di lasciarvi coinvolgere. Lasciate la presa: non occorre altro.

Sapete come vengono catturate le scimmie in alcune parti dell'India? Si mette in terra un vaso dal collo lungo e stretto, riempito di noccioline e di altri cibi di cui sono molto ghiotte. Una scimmia si avvicina, infila la mano nel vaso e afferra le noccioline. Ma ora la sua mano piena non può più uscire. Scioccamente, la scimmia non la apre lasciando cadere le noccioline. Se lo facesse, potrebbe facilmente scappare. Non volendo abbandonare ciò che tiene in pugno, viene catturata. Per poche noccioline, la povera scimmia perde l'intera foresta e tutti i suoi meravigliosi alberi – il vasto territorio in cui potrebbe muoversi in libertà, giocare e godere delle gioie della vita a piacimento. Per qualche nocciolina, perde le abbondanti, fresche e deliziose noci e altri frutti della foresta. Perde tutto il suo mondo.

Gli esseri umani si comportano in modo analogo. Un uomo grida: 'Liberatemi! Voglio la libertà!' Ma chi l'ha incatenato? Che cosa lo trattiene? Nessuno, nulla lo lega. Deve semplicemente smettere di fare tutto questo inutile baccano e di dibattersi; deve tranquillizzarsi e rilassarsi, e a quel punto si accorgerà che lui solo è il responsabile della situazione in cui si trova. Che lasci andare le poche noccioline che tiene in pugno e riuscirà facilmente a togliere la mano dal vaso dal collo stretto costituito dal suo corpo, dalla sua mente e dal suo intelletto. Può essere libero per sempre. L'intero universo gli appartiene".

Consolare un'anima afflitta

Una devota occidentale era seduta vicino alla Madre e aveva l'aria molto triste. Volgendosi verso di lei, la Madre le chiese affettuosamente cosa la tormentasse. La donna la guardò con le lacrime agli occhi. Sembrava che desiderasse parlarle in privato. Con un cenno della mano, la Madre chiese a tutti tranne a Gayatri, che l'avrebbe aiutata nella traduzione, di allontanarsi. La donna aprì il suo cuore alla Madre: confessò che aveva abortito due volte in passato e che questo la faceva soffrire. 'Più cerco di dimenticare, più penso al mio gesto. Non mi posso perdonare. Madre, perdonami per quello che ho fatto! Aiutami a dimenticare e ad essere in pace' implorò la donna.

La Madre la guardò con grande compassione, si mise ad accarezzarle delicatamente l'area attorno al cuore e poi la consolò dicendo: "Figlia, non pensare che ciò che hai commesso sia un grande peccato, era il tuo e anche il karma di quei due bambini vivere quell'esperienza. I feti erano destinati a vivere qualche settimana. Ora che hai incontrato Amma, dovresti dimenticare questa storia. Non reagire al passato. La reazione contiene sempre forza e aggressività e rende la mente ancora più turbolenta. In tal modo, il pensiero che vuoi scacciare torna con più veemenza. Reagire è lottare. Lottare contro le ferite del passato le rende soltanto più profonde. Il rilassamento è il modo per curare le ferite della mente, non la reazione.

L'avere preso coscienza del tuo sbaglio, ti ha liberata. Sei già stata perdonata. La sofferenza che hai vissuto è più che sufficiente a lavare via il peccato. Qualsiasi peccato sarà lavato via dalle lacrime del pentimento. Figlia, Amma sa che hai sofferto molto. D'ora in avanti non dovresti più portare questo peso. Amma è qui per prendersi cura di te. Dimentica e sii in pace".

Quelle parole della Madre, dolci come nettare, fecero scoppiare la donna in lacrime. La Madre le mise delicatamente il braccio attorno al corpo e le pose la testa sulle sue ginocchia. Mentre la donna continuava a piangere, Amma le accarezzava i capelli. "Poveretta!", disse la Madre a Gayatri. "Ha agito per ignoranza. In quel periodo si trovava in una situazione molto difficile, ecco perché ha eliminato il suo bambino. Il senso di colpa l'ha tormentata per tutti questi anni".

Alcuni *brahmachari* erano rimasti a distanza, incapaci di allontanarsi dalla presenza di Amma. Lei li richiamò ed essi tornarono a sedersi intorno a lei. Il capo della donna era sempre sulle ginocchia di Amma, che nel frattempo continuava a parlarle mentre Gayatri traduceva.

Nessuno sarà punito in eterno

"Qualunque sia la gravità dell'errore commesso", disse la Madre, "quando ti accorgi di avere sbagliato e sei pentito, devi essere perdonato. Questo non significa che chiunque sbagli deliberatamente pensi di poter sfuggire alla punizione se poi si pente. No, non è così. Per quanto è possibile, dovremmo evitare di commettere errori. In quanto esseri mortali è inevitabile sbagliare, a volte per ignoranza, a volte per circostanze contingenti. A seconda della gravità dell'errore, una punizione può essere talvolta necessaria per darci una lezione. Se una persona continua a commettere coscientemente lo stesso sbaglio, allora la punizione diventa indispensabile. Ad ogni modo, nessuno dovrà soffrire in eterno, nessun'anima sarà condannata ad un castigo eterno per dei peccati commessi consapevolmente o inconsapevolmente. Alcuni si pentono sinceramente di quello che hanno fatto, riconoscono di avere sbagliato e desiderano cambiare. Va data loro la possibilità di ricominciare e vedere la vita da una prospettiva diversa. Bisogna perdonarli e creare intorno a loro un'atmosfera favorevole e amorevole che li aiuti a dimenticare, a lasciarsi alle spalle il passato e a vivere una vita piena e operosa. Tali persone necessitano del vostro amore e della vostra compassione. Sorridete loro con tutto il cuore e parlate loro con amore. Che le vostre parole di conforto e il vostro sorriso tocchino il loro cuore e leniscano le loro ferite. Se potete raggiungerle con il vostro amore e la vostra compassione, riusciranno ad abbandonare le tenebre del passato. La compassione le farà sentire amate e cominceranno a rilassarsi e ad essere in pace con se stesse. Non allontanatele mai e non chiamatele peccatrici perché, in questo caso, siamo tutti peccatori, avendo commesso il grande errore di dimenticare la nostra vera natura, il nostro essere in Dio. Non esiste un peccato più grande per il quale potremmo essere puniti. Ma la compassione e il perdono di Dio sono infiniti. Dio ci ha perdonati. Amma crede che Dio non lascerà nessun'anima soffrire per l'eternità. Se lo facesse, non sarebbe Dio".

Mentre la donna era sempre sulle ginocchia di Amma, la Madre iniziò a cantare *Amme Yi Jivende*.

Amme Yi Jivende

*O Madre dell'universo,
solo Tu puoi asciugare
le lacrime da questo viso
e liberare la mia anima.
Giungendo ai Tuoi piedi,
quest'anima si è realizzata.*

*Ahimè! Perfino ora,
questa mente è nella sofferenza
essendosi smarrita in maya
prima di raggiungere la meta.
Ti prego, benedicimi
affinché possa sempre tenermi stretto a Te
con pura devozione.*

*In questo terribile oceano di nascita e di morte
l'unico rifugio sono i Tuoi piedi di loto.
Non vuoi venire
e spargere un po' il nettare dell'Amore
su quest'anima che si sta consumando?*

Questo bambino trascorre ogni momento
meditando sulla Tua forma;
Ti prego, non farmi più aspettare
e attirami a Te.
Accorda la pace interiore
a quest'anima tormentata.

Alla fine del canto la Madre, con dolcezza, fece sedere la donna. Sembrava che si fosse liberata di un pesante fardello. Il suo viso era più luminoso e sorrideva felice alla Madre. Sospirando profondamente disse: "Madre, mi sento così in pace ora! Hai portato la luce nel buio del mio cuore. Come posso ringraziarti?"
La Madre si alzò, le diede un altro abbraccio e poi si diresse verso la sponda della laguna.

Capitolo 6

Il rispetto senza amore genera paura

La Madre era seduta davanti alla vecchia cucina e stava tagliando le verdure, circondata da *brahmacharini* e da madri di famiglia. Sapendo che era lì, altre *brahmacharini* arrivarono nel giro di pochi minuti. Nel notare che una ragazza stava togliendo troppa buccia al cetriolo, disse: "Figlia, perché ne togli così tanta? Non sprecare inutilmente. Solo chi è privo di *shraddha* spreca. Un ricercatore spirituale dovrebbe riflettere prima di agire. Dovremmo riuscire a far trasparire dalle nostre azioni il silenzio interiore e la calma generate dalla meditazione. È proprio la meditazione che ci aiuta ad acquisire quella visione più profonda che ci permette di non sprecare più nulla e ad applicarla ad ogni aspetto delle nostre azioni. Togliendo troppa buccia, levi anche una parte commestibile, privandone così le persone dell'ashram e tutti gli altri, compresi quelli che patiscono la fame e che sarebbero felici di poterla mangiare. Colui che ha ottenuto un certo silenzio interiore e una certa pace attraverso la meditazione e altre pratiche spirituali, non si comporterebbe mai in questo modo".

Amma fece una pausa e poi qualcuno le pose un'altra domanda.

"Amma, ti ho sentito un giorno dire che un discepolo dovrebbe provare sia amore che rispetto per il Maestro. Hai anche detto che quando c'è solamente rispetto è inevitabile che sia presente anche la paura. Potresti illustrarmi meglio questo punto?"

La Madre rispose:

"Quando c'è solo rispetto e non amore, è inevitabile che vi sia anche paura. Nel rispetto c'è un elemento di paura. Un maestro chiede all'allievo di imparare a memoria una poesia per il giorno dopo. Al povero studente non interessa la poesia e preferirebbe praticare dello sport e guardare la TV. L'allievo rispetta l'insegnante, ma non lo ama. Ha l'impressione che gli stia imponendo qualcosa che non gli piace, ma non osa rifiutarsi perché teme l'eventuale punizione che il maestro e i genitori potrebbero infliggergli se non ubbidisse. Ripete quindi numerose volte la poesia sino a quando la memorizza. Questo non è vero imparare, perché la paura lo rende impossibile. Una tale forma di apprendimento che non viene compiuto con il cuore non permette allo studente di acquisire una conoscenza autentica. Per rispetto e per paura del maestro, l'allievo impara come un pappagallo, senza assimilare ciò che studia: il suo cuore è chiuso. La paura chiude il cuore e ci sono molte probabilità che lo studente dimentichi tutto quello che ha appreso. Solo con il cuore aperto può imparare davvero, altrimenti apprenderà e agirà in modo meccanico.

Quando lavorate al computer, gli fornite dei dati che poi la macchina custodirà. Se volete accedervi, è sufficiente schiacciare alcuni tasti e le informazioni riappariranno. Ma se per errore premeste un tasto sbagliato, tutti i dati immessi verrebbero cancellati e lo schermo rimarrebbe vuoto. Il computer può solo ubbidire ai comandi che riceve, non è intelligente e non ha sentimenti perché non è che una macchina creata dall'intelletto umano.

Se nel nostro cuore mancano l'amore e la compassione, anche noi potremmo divenire come un computer che respira e si muove. Il rispetto privo di amore e basato sulla paura chiude il vostro cuore e vi trasforma in una macchina umana. Se ubbidite al maestro e ai genitori solo per paura e rispetto, è come se immetteste dei dati nel computer. Lo schermo può diventare vuoto in ogni momento perché non è alimentato e sostenuto dall'amore.

Qualche giorno fa alcuni genitori sono venuti da Amma con il figlioletto di sette anni. Il bimbo era seduto sulle ginocchia della Madre. Per allietarlo e farlo parlare, Amma gli ha posto molte domande: come si chiamava, quale classe frequentava, chi erano i suoi amici, quali giochi gli piacevano, ecc. Ogni volta il bimbo guardava il padre prima di rispondere, come a volergli chiedere il permesso di parlare. Rispondeva solo dopo aver avuto ricevuto il suo consenso. Quando Amma gli ha chiesto il suo nome, ha subito guardato il padre e ha osato rispondere soltanto quando lui ha detto: 'Dì ad Amma come ti chiami'. Il fanciullo aveva paura di parlare. Questo non è neppure rispetto, ma paura allo stato puro. Se minacciate un bambino dicendo: 'Ubbidisci o ti punirò', non vi rendete conto del male che gli fate. Il bimbo si chiuderà e non riuscirà più a esprimersi. Serberà dentro di sé la paura per tutta la vita. Forse diventerà un uomo ricco, molto colto, con una posizione rilevante nella società, ma la paura rimarrà annidata in lui e renderà la sua vita personale un inferno.

Creare paura e rispetto per insegnare al bambino a ubbidire non è disciplina, anche se ci piace chiamarla così. Una disciplina vera e costruttiva permette all'amore di fiorire. Se l'amore è assente, la riverenza e il rispetto sono radicati nella paura. Una relazione d'amore apre il vostro cuore e vi consente di esprimervi pienamente nel modo che preferite. L'amore vi avvicina l'uno all'altro e in tale intimità non manca la disciplina. Da questo amore, che proviene da una giusta comprensione, nasce un rispetto naturale e autentico. In altre parole, quando si è instaurato un forte legame d'amore tra allievo e insegnante o tra genitore e figlio, è facile esercitare la disciplina senza ferire i sentimenti di chi la riceve. Questa familiarità piena di affetto, questo incontro di cuori è d'importanza vitale nel rapporto insegnante-studente o genitore-figlio. Fino a quando non si è formato questo legame, occorre essere pazienti e pronti a perdonare.

Figli, forse avrete sentito parlare del rapporto guru-discepolo che esisteva anticamente. Bambini provenienti da ogni casta e strato sociale andavano nei *gurukula* e vi rimanevano a studiare per almeno dodici anni. Il sistema scolastico di allora era molto diverso dalle scuole e dalle università moderne. Ai giorni nostri, gli studenti non riescono a studiare senza prendere appunti né consultare libri di testo. Durante la lezione guardano raramente il professore: sono chini a scrivere sui quaderni oppure sognano ad occhi aperti guardando fuori dalla finestra. Non guardano in volto l'insegnante perché non gli piace la sua faccia e provano risentimento nei suoi confronti. Anche se apparentemente gli mostrano rispetto, dentro di loro non lo apprezzano. In genere, un rispetto senza amore è frutto della paura, che può a sua volta tramutarsi in collera e perfino odio.

La maggior parte dei ragazzi prova del rancore per il controllo che il padre e gli insegnanti esercitano. I giovani hanno l'impressione che gli adulti cerchino di imporre le proprie idee. Finché un ragazzo dipende dal padre o dagli insegnanti, non è nella posizione di poter esprimere la sua collera. Certo, qualche bambino si ribella e causa dei problemi, ma la stragrande maggioranza si sottomette fino a quando non ha acquisito l'indipendenza. Istintivamente bada a preservare la propria sicurezza. Quando poi questi giovani crescono e diventano indipendenti, spesso esplodono e cominciano a manifestare i loro sentimenti. Il bambino o lo studente nasconde nel subconscio la rabbia, mascherandola e fingendo di provare rispetto e amore solo perché ha bisogno del supporto materiale del padre e dell'istruzione impartita dall'insegnante; al termine però di questa fase della vita, non riesce più a contenere la collera immagazzinata ed esplode. Pensieri del tipo: 'Mi controllava, non ha soddisfatto i miei desideri, mi ha punito e umiliato di fronte a tutti', possono manifestarsi talvolta come ira e persino astio e suscitare il desiderio di vendetta. Ogni forma di rispetto scompare, perché questo sentimento non era sincero, non essendo radicato nell'amore. Ora appare il vero volto nascosto dalla maschera del rispetto: quello della collera. Questo meccanismo è presente in tutti i rapporti in cui mancano il vero amore e la vera comprensione: è solo questione di tempo, un giorno o l'altro la collera divamperà. L'ira cova come brace ardente e quando si presenta l'occasione produce la fiammata. Se in una relazione non si coltiva il giusto atteggiamento fatto di amore e di comprensione, è come se si avesse un vulcano dentro. Questo è ciò che accade a centinaia di migliaia di persone. Questa affermazione di Amma è frutto del suo contatto personale con milioni di persone, provenienti da diversi cammini della vita, che ha incontrato viaggiando per il mondo. Ci sono indubbiamente delle eccezioni, gente che vive una vita felice ed equilibrata, ma la stragrande maggioranza delle persone si trova nella situazione descritta finora".

La Madre si fermò per un momento e poi chiese alle *brahmacharini* di cantare un *bhajan*. Cantarono *Amritanandamayi Janani*.

Amritanandamayi Janani

Madre Amritanandamayi,
incarnazione della misericordia,
della compassione, della saggezza
e della beatitudine.

Tu rimuovi tutti gli ostacoli,
Madre di Vinayaka Ganesha.
O Madre,
incarnazione della santità
e della sapienza,
Tu accordi il dono dell'intelligenza.

I Veda sono la Tua forma.
Tu sei la Coscienza, il puro Sé,
o Madre Amritanandamayi.

Amritanandamayi,
Tu sei Saraswati,
la dea della Conoscenza.
Nelle Tue mani tieni un libro e la vina.
Sei Brahman,
Mahalakshmi, la dea della prosperità,
Parvati, la dea del Potere,
Shankari, Colei che porta buon auspicio,
e Adi Parashakti, il Potere primordiale.

Sei Vishnumayi,
l'energia di Colui che sostiene il mondo,
e Shiva-Shakti,
l'aspetto attivo e quello passivo.
Madre dell'universo,
Ti prego, proteggici!
Mostrati a noi nel Krishna e nel Devi Bhava,
o Amritanandamayi...

La Madre aveva gli occhi chiusi. In silenzio, le *brahmacharini* sedevano intorno a lei, mentre la guardavano e cercavano di assorbire il profondo significato del canto. Dopo qualche minuto Amma aprì gli occhi e sorrise ai suoi figli. Una *brahmacharini* disse: "Amma, potresti parlarci più a lungo del rapporto guru-discepolo che esisteva negli antichi *gurukula*?"

La relazione guru-discepolo nell'antico gurukula

La Madre rispose:
"Nei *gurukula* degli antichi *rishi*, in cui i discepoli vivevano con il maestro servendolo e studiando, nessuno prendeva appunti o sedeva in classe con il capo chino sui libri di scuola. I discepoli guardavano semplicemente il maestro parlare. Ecco tutto. Non

occorrevano quaderni né manuali. Ogni parola che lui pronunciava toccava il loro cuore, grazie al profondo legame che si era stabilito tra loro. Il maestro non imponeva sciccamente la disciplina attraverso il controllo o la forza, perché tutto si svolgeva all'interno di una relazione nata da una reale comprensione e dall'amore. Il maestro teneva davvero ai discepoli, i quali a loro volta ricambiavano l'amore e il rispetto prendendosi profonda cura di lui. E questo rispetto non originava dalla paura, ma da un amore profondo. Il maestro apriva loro la porta del proprio cuore, li accoglieva e li accettava completamente, senza riserve. La sua apertura e il suo altruismo rendevano i discepoli umili e ricettivi. Pur essendo uno scrigno inesauribile di conoscenza, era anche molto umile. Non aveva l'atteggiamento: 'Io sono il maestro e voi i miei discepoli. Fate dunque ciò che vi dico altrimenti sarete puniti'.

Gli scolari potevano liberamente porgli delle domande per dissipare eventuali dubbi. Poiché l'insegnante era la personificazione del sapere, poteva chiarirli servendosi della teoria o della pratica. Oggigiorno, anche se gli studenti hanno dei dubbi o delle domande esitano prima di esprimerli perché non c'è né amore né affiatamento tra loro e l'insegnante. Nessuno dei due è abbastanza aperto o desideroso di impartire o di ricevere una reale conoscenza. Entrambi tendono ad essere arroganti. Per gli insegnanti è difficile chiarire tutti i dubbi degli allievi perché loro stessi non hanno assorbito una reale conoscenza quando erano studenti. Il rapporto che avevano con i propri insegnanti aveva le stesse mancanze.

Nell'antico *gurukula*, il maestro recitava questa preghiera insieme agli allievi: 'Possa *Brahman* proteggerci; possa nutrire entrambi; possiamo entrambi ricevere l'energia di cui abbiamo bisogno; possa questo studio illuminare entrambi, e possa non esserci mai odio tra noi. Om shanti, shanti, shanti!' L'invocazione si rivolgeva sia al maestro che allo studente e benediceva il progresso spirituale e la comprensione di ciascuno. Questo non significa che il maestro avesse bisogno del discepolo: era solo un modello di umiltà. Il maestro era sempre in preghiera. Sapete, figli, una persona che è immersa nella preghiera non può essere egoista, ed è umile in tutte le circostanze. A quei tempi, l'umiltà, l'amore e la pazienza conferivano bellezza e pienezza alla vita. Anche quando il maestro aveva raggiunto l'illuminazione ed era onnisciente, si mostrava umile davanti ai suoi discepoli.

Nessuno manifesta il proprio ego di fronte a un'anima veramente umile. Così chi andava a studiare con un tale maestro, anche se aveva ancora l'ego, si comportava in maniera umile e obbediente davanti a lui. A quei tempi i principi, i figli dei nobili e i bambini di qualsiasi classe sociale frequentavano il *gurukula*. Il maestro li considerava tutti in modo eguale: vivevano, mangiavano e dormivano tutti assieme e ricevevano lo stesso insegnamento. Svolgevano dei lavori fisici quali badare alle mucche del maestro, andare nella foresta a raccogliere la legna, occuparsi del raccolto e così via. Ciò nonostante, esisteva un immenso amore da ambedue le parti senza traccia di collera né di risentimento.

Quando c'è così tanto amore, il vostro cuore è spalancato, aperto come quello di un bambino. È questa apertura, nata dall'amore, che aiutava i discepoli ad apprendere guardando e ascoltando semplicemente le parole dell'insegnante. Non occorreva prendere appunti né studiare su un manuale, e neppure ripetere un poema o un saggio cento volte per impararlo. Era sufficiente ascoltare una volta il maestro: avrebbero ricordato le sue parole per tutto il resto della loro vita. Non dimenticavano mai ciò che avevano appreso mentre guardavano il volto amato del maestro. Il vero ascolto avviene solo dove regna l'amore.

Quando il maestro parlava, era l'amore che parlava, e coloro che lo ascoltavano ricevevano, assorbivano solo amore. Grazie all'affetto che provavano per l'insegnante, i cuori degli studenti erano dei terreni fertili, pronti ad accogliere il sapere che veniva loro trasmesso. L'amore dava e l'amore riceveva e rendeva il maestro e il discepolo aperti l'uno all'altro. È possibile dare e ricevere veramente solo quando l'amore è presente. L'ascolto e l'attenzione (*shraddha*) autentici sono possibili solo quando c'è l'amore, altrimenti l'interlocutore rimarrà chiuso. Se siete chiusi, sarete facilmente dominati dalla collera (il vostro passato) e dal rancore e non potrete accogliere nulla".

Il sistema educativo moderno e l'antico metodo d'insegnamento del vero maestro

Qualcuno chiese: "Quali sono le mancanze del sistema educativo moderno?"

La Madre rispose:

"Nel sistema scolastico moderno manca una tale apertura: l'allievo e l'insegnante sono chiusi l'uno all'altro. Non vi è nessuno scambio né amore, ma solo rancore. Gli insegnanti non hanno nessuna umiltà e molti di loro sono arroganti. Vogliono controllare gli studenti e imporre le proprie idee. Se non vengono ascoltati, si arrabbiano e puniscono gli allievi. Questo approccio poco intelligente non permette ai docenti di instaurare nessun rapporto amorevole con gli allievi e impedisce loro di guidare i giovani a immergersi profondamente nella vera conoscenza. Uno dei motivi principali del declino del sistema educativo è la mancanza di un legame affettuoso, di una relazione positiva che avvicini l'insegnante allo studente. Solo un flusso di amore genuino e di accettazione reciproci permetterà loro di comprendersi e aprirà le porte a un vero dialogo.

Attualmente sono entrambi ai poli opposti e questa distanza interiore rende impossibile l'apprendimento. L'ego di ciascuno ha creato tra loro un grande divario. Il docente non insegna con amore, ma è animato dall'orgoglio: 'Io sono l'insegnante e voi gli studenti. Io so tutto e voi non sapete nulla, perciò è meglio che mi ascoltiate o altrimenti...' Questo modo di fare non lascia indifferente lo studente, che a sua volta ha il proprio orgoglio e, quando percepisce l'aria di sufficienza del docente, pensa: 'Perché dovrei ascoltare questo tipo? Non se ne parla neppure!' Chiude il cuore e si crea un alto muro tra loro. Sebbene il maestro continui a parlare, non arriva nulla all'allievo. Fisicamente lo studente è presente in aula, a pochi metri dall'insegnante, ma in realtà è molto distante da lui. Entrambi sono chiusi. Quando un cuore chiuso parla, non esprime nulla; la conoscenza produce un'eco che ritorna solo a chi sta parlando e non crea nessun impatto in chi ascolta: un cuore chiuso parla e un cuore chiuso ascolta. In altre parole non viene trasmessa nessuna conoscenza.

Ai nostri giorni tutti desiderano ricevere attenzione poiché l'attenzione è il cibo dell'ego. L'ego vive di attenzione. Sia lo studente che l'insegnante desiderano ardentemente avere attenzione e, se non la ottengono, le loro menti sono pervase da sentimenti di collera e di vendetta. Può capitare che lo studente e l'insegnante si facciano reciprocamente del male.

L'attuale rapporto insegnante-studente non permette nessuna trasformazione né aiuta una persona a crescere, non favorisce l'affiorare della vera conoscenza nell'allievo e genera solo sentimenti negativi in entrambi. Quando portate il peso di ferite ancora aperte, create da questo vissuto, la vostra vita diventa una ferita purulenta, resa infetta dai sentimenti negativi.

Vi fu un tempo in cui un maestro trasformava i discepoli attraverso la sua semplice presenza, o meglio, la trasformazione avveniva spontaneamente nei discepoli. Tale era il potere della sua presenza. Il potere che rendeva possibile questa trasformazione era quello dell'amore e della compassione che i discepoli percepivano stando con lui. Quando il cuore di una persona è ricolmo di amore e di compassione il vostro stesso cuore si aprirà spontaneamente, come un fiore che sboccia. Alla presenza dell'amore il bocciolo del cuore si schiude. Il maestro potrebbe anche non dare istruzioni e il suo insegnamento potrebbe non essere verbale; questa apertura accade spontaneamente, come un fiore apre naturalmente i suoi petali. Questo è ciò che avviene alla presenza di un maestro autentico.

Un fiore non ha bisogno di istruzioni per sbocciare. Nessuno insegna all'usignolo a cantare. Tutto accade spontaneamente, non c'è bisogno della forza, è un processo naturale. Allo stesso modo, in presenza di un grande maestro, il bocciolo del vostro cuore si apre e diventate ricettivi e innocenti come un bambino. Il Maestro non vi insegna nulla, imparate ogni cosa senza che vi venga insegnata. La sua presenza, la sua stessa vita, è l'insegnamento più alto. Non c'è nessuna forma di controllo o di costrizione, tutto accade spontaneamente e senza sforzo. Soltanto l'amore può creare questo miracolo.

Nel sistema educativo moderno, per imparare le lezioni, gli studenti consumano la propria energia ripetendole un'infinità di volte. Educare è divenuto un processo che dissipa energia. Gli studenti sono costantemente sotto pressione, e i genitori accrescono visibilmente lo stress e la fatica dei figli specialmente durante il periodo degli esami. Amma dice che non possiamo raggiungere nessuno scopo, materiale o spirituale, se siamo sottoposti a una pressione eccessiva proveniente da ogni parte. Il sistema scolastico moderno è come un sacco troppo pieno e pesante sulle spalle dello studente. E i genitori spesso aggravano la situazione, conoscono un solo mantra che ripetono continuamente ai figli: 'Studia le lezioni, fai i compiti, non devi fare altro che studiare'. Durante il periodo degli esami, i giovani, invece di essere rilassati, sono molto tesi.

Insegnate loro l'arte del rilassamento, di come sentirsi a proprio agio. Se non sono rilassati come possono imparare? Non c'è vero apprendimento se non si è rilassati. Questa è la prima lezione da imparare. È molto importante che i genitori comprendano questo punto prima di esigere qualcosa dai figli. Amma consiglia anche ai genitori di praticare il rilassamento nella propria vita perché, se non lo sperimentano personalmente, non potranno capire quanto sia importante per i figli. Le pratiche spirituali come la meditazione, la ripetizione di un mantra e i canti devozionali, sono metodi volti a rilassare la mente, in modo da rimanere sempre aperti come un fiore appena sbocciato.

I genitori non sanno quanto nuoccia ai ragazzi sentirsi dire: 'Studia, studia, studia!' Quando organizzano delle ripetizioni durante le vacanze e i fine settimana dei figli, questi poveri ragazzi e ragazze devono letteralmente correre da un insegnante all'altro, esaurendo tutte le loro energie e diventando molto nervosi.

Quando un giovane rientra a casa la sera è pallido ed esausto, e non riesce neanche a cenare con calma. Di conseguenza il suo unico pensiero è studiare. Legge e rilegge le cose, ripete all'infinito le lezioni sino a memorizzarle, come se dovesse immettere delle informazioni in un computer. Continua a ingerire dati sino a fare indigestione e accoglie più nozioni di quante possa assorbire.

Forse otterrà dei buoni voti e anche la lode, ma alla fine dei suoi studi sarà come una macchina. Avrà perso la capacità di emozionarsi, di percepire la bellezza e l'amore per la vita e non possiederà neppure un briciolo di vera saggezza. Il gioco e il riso non avranno posto nella sua vita. Sarà chiuso. Da adulto non riuscirà a sorridere alla moglie né a giocare con i suoi bambini. Forse diverrà celebre e emergerà nel campo in cui opera, ma in quanto essere umano fallirà, mancandogli lo slancio vitale. Con i suoi familiari sarà sempre rigido e serio. Essere estremamente seri, anche quando non è necessario, è una sorta di malattia.

A mano a mano che queste persone invecchiano, le loro facoltà si logorano per il modo poco intelligente con il quale hanno acquisito la conoscenza. Hanno accumulato delle nozioni studiando ininterrottamente e non si sono mai sentiti a loro agio e rilassati. Hanno abusato delle loro facoltà interiori senza mai permettere alla mente di riposarsi. Come una macchina, la mente si è surriscaldata e usurata. L'hanno continuamente imbottita di informazioni senza mai staccare la spina e potersi così rilassare e rigenerare. Non ne hanno mai avuto cura e ora è come se si fossero bruciati".

Mentre le parole vibranti di Amma diffondevano la fragranza della sua divina presenza nei cuori degli ascoltatori, la Madre cominciò a cantare *Devi Jaganmata*.

Devi Jaganmata

Gloria alla Dea, alla Madre del mondo,
alla Dea di energia suprema!

O eterna Vergine
che hai intrapreso austerità a Kanyakumari
sulla riva del mare blu,
vieni e accordami una grazia!

O Madre, la Tua vera natura è luce
e la Tua forma leggiadra
è costituita da saggezza, verità,
energia e beatitudine!
Aum!
Gloria alla Madre dell'universo!

L'arte di rilassarsi

La conversazione riprese.

"Amma", chiese qualcuno, "hai parlato del rilassamento. Potresti approfondire questo argomento?"

La Madre rispose:

"Non si può acquisire una vera conoscenza se non si studia rilassati. Gli studi condotti in un'atmosfera di tensione e di stress, senza mai lasciare che il corpo, la mente o l'intelletto possano staccare la presa e riposare, non sono produttivi. È proprio il rilassamento che ci fa vedere con chiarezza le cose e ci infonde l'energia per imparare e serbare la vera conoscenza. Il sapere ottenuto in questo modo ha una perenne freschezza, indipendentemente dall'età. Memorizzare meccanicamente, nello stress e nel disagio, senza mai lasciarsi andare, non promuove una crescita personale completa. Solo chi ha studiato tranquillamente è capace di mettere in pratica ciò che gli è stato insegnato e di eccellere nella sua professione. Gli altri portano semplicemente nella testa il peso del loro sapere. Si muovono con un'infinità di informazioni che, contrariamente a quanto pensano, non abbellisce la loro personalità ma in un certo senso la deturpa.

In tutto il mondo vi sono tantissime persone che si dedicano a studiare le diverse scienze e le varie branche del sapere. Sono oramai moltissimi i dottori di ricerca e sulla Terra ci sono milioni di ingegneri e di medici, ma quanti di loro aiutano concretamente il mondo con il loro sapere e i loro studi? Quanti eccellono nel loro campo? Solo pochi. Quanti, fra coloro che imparano a dipingere e a suonare, diventano artisti o musicisti che catturano l'anima? Potremmo contarli sulle dita di una mano. Alcuni hanno anche frequentato la stessa scuola, sono stati compagni di classe e hanno avuto le stesse opportunità. Perché, allora, solo certi diventano dei veri e rinomati maestri?

Perché solo pochi hanno appreso l'arte di rilassarsi, solo pochi trovavano piacevole studiare. Il resto si è riempito di nozioni, preoccupato unicamente di prendere dei voti alti, ottenere un buon impiego ben retribuito, avere una bella casa, una graziosa moglie e dei bambini. Le ambizioni della stragrande maggioranza terminano qui. E anche gli studi: appena finiti, ci si preoccupa di qualcos'altro. Queste persone sono sempre apprensive e mai rilassate, provano costantemente tensione e disagio perché non hanno mai imparato a rilassarsi. Chi invece sa farlo, impara ogni giorno e la sua sete di sapere è sempre viva. Continua così ad acquisire nuove conoscenze che poi mette in pratica. Non solo studia lo spazio da un punto di vista astratto, ma inventa nuove tecniche e strumenti con i quali esplorarlo. Non si accontenta di avere una conoscenza teorica del mondo sottomarino, ma si tuffa negli abissi per scoprire cosa celano. La sua curiosità è insaziabile. Malgrado questa sete infinita di apprendere e di conoscere, mantiene un atteggiamento rilassato che gli dà la forza e la vitalità per assimilare ulteriori conoscenze che convalida facendo esperimenti. Con la fede e la determinazione, questi individui possono immergersi profondamente nel loro stesso Sé, la sorgente di tutto il sapere. Queste due qualità li guideranno a vivere la loro vera esistenza nel Sé.

Molti poeti, pittori, musicisti e scienziati trascorrono parecchio tempo in solitudine, praticando la contemplazione e il rilassamento. Fuggono dal rumore del mondo e vanno in ritiro. Mentre siedono soli e rilassati, si raccolgono in se stessi e cessano di identificarsi con la mente e i suoi pensieri. A volte scivolano in uno stato profondo, simile alla trance e quando ne escono sono in grado di creare dei capolavori. Vi sono parecchie testimonianze a riguardo. Ma com'è possibile tutto questo? Grazie al profondo silenzio che scoprono in se stessi durante queste esperienze. Quando la mente è priva di pensieri e nulla la disturba né la agita, si produce un risveglio, e si manifestano i talenti assopiti e le infinite capacità della mente. Attingendo al regno sconosciuto della pura e divina conoscenza, si hanno delle intuizioni. Tale è il potere del rilassamento interiore.

Così, figli, se desiderate imparare bene le lezioni, il metodo migliore è quello di rilassarsi. Manterrete la vostra lucidità mentale, la memoria aumenterà e non sprecherete energia ripetendo una lezione centinaia di volte per impararla. Quando siete profondamente rilassati, è sufficiente leggere la lezione una volta per impararla per sempre.

Non avete mai visto alcuni nonni recitare un intero testo sacro o un lungo inno sanscrito senza mai guardare il foglio? Probabilmente lo hanno imparato quando erano giovani. Glielo avranno insegnato i genitori oppure l'avranno ascoltato recitare. Scandiscono le parole in modo chiaro e netto, senza errori. Persino quando hanno novant'anni la loro recitazione è perfetta. Che memoria!

Qualche anno fa, mentre faceva visita a una casa di devoti, Amma incontrò la loro nonna. Era una donna di novant'anni, molto scarna e completamente immobilizzata. La sua vita si stava spegnendo, ma poteva ancora parlare. Mentre la Madre si sedeva sul letto accanto a lei, la figlia disse: 'Mamma, apri gli occhi. Guarda chi è seduta vicino a te! È Amma!' La vecchietta aprì lentamente gli occhi e con un sorriso radioso guardò Amma. La figlia proseguì: 'Mamma, recita il *Narayaniyam* per Amma'. Prima ancora di finire la frase, la donna iniziò a recitare i versetti sanscriti in modo scorrevole e chiaro. Continuò per molto tempo, senza mai mostrare stanchezza. Infine la figlia dovette dirle di smettere.

Figli, guardate *Acchamma* (la nonna paterna di Amma): ha quasi ottant'anni, ma continua ad alzarsi alle quattro del mattino, si lava con l'acqua fredda, ripete le sue preghiere regolarmente e ogni giorno compone una ghirlanda che Amma indosserà durante il *Devi Bhava*.

Nei tempi antichi la gente era molto più rilassata di quanto lo sia ora. Non aveva fretta. Trovava sempre del tempo per leggere le sacre scritture, recitare alcuni versetti di poemi epici e cantare la gloria del Signore in un'atmosfera serena e rilassata. Al mattino e alla sera tutti si riunivano nel tempietto di famiglia per pregare e recitare assieme i Nomi del Signore. Questi momenti di distensione, nel bel mezzo delle attività quotidiane, li aiutavano a svolgere le loro occupazioni nel mondo mantenendo un buon equilibrio mentale.

Prendete, ad esempio, la donna anziana che recitava i versetti del *Narayaniyam* perfino mentre era alla fine dei suoi giorni. Come ha potuto riuscirci? Non essendo stata imbottita di dati da memorizzare, quasi fosse un computer, li aveva appresi come un essere umano intelligente che ha una mente rilassata e libera da tensione, capace quindi di apprezzare il testo. Ciò che studiate in maniera rilassata vi rimarrà impresso per tutta la vita. Per contro, ciò che imparate con tensione e con stress verrà ben presto dimenticato. In effetti, non è possibile imparare nulla senza rilassamento: invece di penetrare all'interno, le informazioni rimangono in superficie e tutto ciò che è in superficie un giorno o l'altro svanirà, come effimere onde del mare. Le conoscenze acquisite con una mente non rilassata non possono mettere radici, sono labili e soggette a travisamenti. Le immagini mentali che producono saranno sempre sfocate.

Figli, imparate ad essere rilassati in ogni circostanza. Qualsiasi cosa facciate e ovunque siate, rilassatevi: vi accorgerete allora di quanto sia potente tale atteggiamento. L'arte di rilassarsi permette al potere che è in voi di manifestarsi e vi consente di prendere coscienza delle vostre infinite capacità, per poi concretizzarle. Con il rilassamento stabilizzate la mente e focalizzate tutta la vostra energia sul lavoro che state compiendo, qualunque esso sia, e utilizzate il vostro potenziale. Quando imparate quest'arte, tutto avviene spontaneamente e senza sforzo. Se ad esempio volete memorizzare una poesia o un discorso, vi sedete e vi rilassate, svuotando la mente di ogni altro pensiero, e poi leggete il testo una volta – non cento volte rinunciando al cibo e al sonno. Vi accorgerete che l'avete imparato per sempre e non lo dimenticherete più. La mente umana possiede infinite capacità ancora sconosciute e può accogliere l'universo e tutto il sapere. Ma non abbiamo ancora imparato l'arte di attingere all'infinito potere della mente".

La Madre tacque. Una devota ebbe l'ispirazione di recitare alcune strofe della *Uddhava Gita* (un capitolo dello *Srimad Bhagavatam* che narra il dialogo tra il Signore Krishna e il Suo grande devoto Uddhava). Le recitò melodiosamente, seguendo i canoni della musica classica indiana.

Uddhava Gita

O Signore, ai Tuoi piedi di loto
quelli che desiderano liberarsi
dalle forti maglie dell'azione
meditano con fervore su ciò che dimora nel centro del cuore.
Ci inchiniamo con il nostro intelletto, con il corpo,
con la forza vitale nei suoi diversi aspetti, con la mente e
con la parola.

O Invincibile, attraverso la Tua maya
costituita e governata dai tre guna
Tu crei, mantieni e dissolvi in Te stesso
questo universo inconcepibile dalla mente umana.
Immerso costantemente nella beatitudine del Sé,
sei irreprensibile e imperturbato.

O Adorabile! O Altissimo!
La contemplazione, lo studio delle scritture,

*la carità, le austerità e le opere
non conferiscono
a chi ha ancora desideri insoddisfatti
la stessa purezza
che ottiene colui che ha una mente equilibrata,
frutto di somma devozione per le Tue glorie,
sviluppatasi ascoltandole.*

Quando la donna terminò l'ultima strofa, la Madre la guardò affettuosamente ed esclamò: "Figlia, l'hai recitato magnificamente". Compiaciuta, la devota rispose felice: "È merito della Tua grazia, Amma".

Il fiume delle parole di ambrosia della Madre continuò a scorrere.

"Figli, conoscete questa storia? Molto tempo fa, ci fu un imperatore che conquistò tutta l'India. Non soddisfatto, voleva portare nel suo paese i quattro *Veda* nella loro pura e originale forma. Inviò i suoi messaggeri in ogni parte dell'India per trovare un esemplare autentico della scrittura. Venne infine a sapere che lo possedeva una famiglia di brahmini nelle regioni settentrionali del paese. Immediatamente si recò sul posto accompagnato da un battaglione di soldati.

Il capofamiglia viveva poveramente con la moglie e i quattro figli in una piccola capanna sulle rive del Gange. L'imperatore ordinò ai soldati di circondare la capanna e poi entrò nella casa del brahmino intimandogli di consegnargli i *Veda*. L'uomo rispose pacatamente: 'Altezza, non occorre creare un tale trambusto. Sarò lieto di consegnarveli, ma datemi ancora un giorno. Uno solo. È necessario che compia prima una speciale cerimonia'. Vedendo l'espressione sospettosa dell'imperatore, il brahmino disse: 'Non preoccupatevi. Se volete, potete far accampare qui la vostra armata per sorvegliarmi. Non ho intenzione di fuggire. Abbiate la bontà di tornare domattina perché devo eseguire questo rituale prima di consegnarvi i *Veda*'.

L'imperatore si allontanò, dando ai soldati le istruzioni necessarie. Ma cosa vide quando l'indomani tornò nella capanna? Il brahmino stava offrendo al fuoco sacrificale l'ultima pagina del quarto *Veda*, mentre recitava ad alta voce i mantra. I quattro figli erano seduti a ogni lato del fuoco e il padre presiedeva al rito. L'imperatore andò su tutte le furie.

'Mi hai ingannato! Ti farò decapitare!' gli gridò. Con molta calma, il brahmino rispose: 'Maestà, non c'è motivo di arrabbiarsi. Guardate i miei quattro figli: sono rimasti seduti al mio fianco tutta la notte, ascoltandomi salmodiare i *Veda*, un libro dopo l'altro. Come vedete, ho appena finito di recitare l'ultimo volume. Non pensate che vi abbia imbrogliato distruggendo i testi o che abbia mancato alla mia promessa. Che mi crediate o no, i miei figli hanno memorizzato ogni parola dei quattro *Veda*. Mi hanno ascoltato, e possono ripetere l'intero testo senza omettere nulla. Portateli con voi nel vostro paese. Potranno trasmettere la conoscenza in tutta la sua originaria purezza'.

L'imperatore non poteva credere alle sue orecchie. 'Ma questo è ridicolo! Non ti credo!' disse. Il brahmino chiese allora ai figli di recitare i *Veda* e davanti al sovrano stupito li declamarono tutti magistralmente, senza commettere un solo errore. Tenete presente che li avevano imparati in una sola notte, ascoltando con grande attenzione e amore il padre che li recitava. Ogni parola era penetrata nel loro cuore. Ecco come avevano potuto facilmente memorizzare tutto il testo.

Guardate com'è invece la situazione ai nostri giorni: gli studenti imparano una lezione solo dopo averla ripetuta innumerevoli volte, e per paura possono comunque scordarla quando dovranno recitarla in classe davanti ai compagni.

I maghi, i matematici, gli scienziati, i musicisti, i pittori, ecc. sviluppano solo una parte infinitesimale del potere che possiedono. Solo un vero maestro stabilito nell'*Atman* attinge a quella fonte di infinito potere che è in ciascuno di noi".

La Madre tacque e improvvisamente cambiò umore. L'espressione del suo volto era come quella di un bambino innocente. Si guardò attorno e con tono implorante chiese a un *brahmachari* che aveva studiato musica classica di cantare *Nilambuja Nayane*.

Nilambuja Nayane

O Madre, dagli occhi che ricordano il loto blu,
non ascolterai il pianto
di questo cuore affranto?
Sto vagando solitario
per le azioni commesse nelle nascite precedenti?
Prima di nascere in questo corpo
ho attraversato innumerevoli ere.

Ti prego, prendimi tra le Tue braccia
e stringimi in un abbraccio materno.
Lascia che mi accoccoli nel Tuo grembo
come un bimbo.
O Madre, forse non Ti merito.
È per questo che Ti dimenticherai di questo Tuo figlio?
Vieni e tienimi vicino a Te,
avvolgimi con il Tuo sguardo compassionevole.

La tecnica del rilassamento

Dopo un breve silenzio qualcuno chiese: "Mi puoi parlare della tecnica del rilassamento?"
La Madre rispose:

"Figli, quando vi rilassate dimenticate ogni cosa e create così uno spazio: la vostra mente si svuota. Immaginate di essere seduti in un parco con a fianco la persona amata. Nel frattempo molte cose accadono attorno a voi: le persone chiacchierano o discutono dei recenti cambiamenti politici, i bambini giocano, i più piccoli gridano, strillano e si divertono. Voi e la vostra amata, però, sedete in un angolo guardandovi negli occhi, ignari di tutto il resto. Quando vi distaccate dai pensieri e li dimenticate, venite colmati della dolce fragranza dell'amore e il cuore può sbocciare. In quel momento ogni cosa si ferma, anche voi e la vostra amata cessate di esistere. Resta soltanto l'amore. Ieri e domani vengono meno, e quando il passato e il futuro si dissolvono, l'amore irrompe. In questo amore puro è possibile fare l'esperienza del vero rilassamento.

Così, quando siete rilassati dimenticate ogni altra cosa; se in questo stato mentale concentrate tutta la vostra energia su un oggetto a vostra scelta, l'assorbirete. In quel momento, il vostro intero essere è completamente aperto: ogni particella, ogni cellula del vostro corpo è così ricettiva che siete in grado di assorbire e assimilare l'intero oggetto.

Questo è il metodo scelto dai *rishi* per istruire i discepoli: fare in modo che dimenticassero tutto e si rilassassero. In quell'atmosfera di apertura e di amore, tutto ciò che li aveva condizionati fino a quel momento cadeva nell'oblio. Gli studenti che frequentavano i *gurukula* appartenevano a ogni ceto. Dal principe al figlio dell'uomo più povero, tutti studiavano nello stesso eremo e avevano lo stesso maestro. Di norma, una tale situazione sarebbe un terreno fertile per ogni tipo di disaccordo e di conflitto. Riuscite ad immaginare come questi ragazzi, provenienti dai ceti più svariati e di diversa indole, potessero abitare nello stesso eremo, dove le condizioni di vita erano molto spartane? La loro vita era dura. A quel tempo la maggior parte degli eremi si trovava nella foresta, lontano dalle città e dai villaggi. Il maestro non faceva favoritismi, non assegnava a un principe una camera singola ben arredata e un gruppo di servitori, e a un giovane povero una minuscola catapecchia umida e polverosa. Tutti consumavano lo stesso cibo e avevano lo stesso alloggio e vestiario. Mangiavano gli stessi alimenti, dormivano sullo stesso pavimento e indossavano abiti semplici. Sia che fosse un principe, il figlio di un ministro, di un nobile o di un pover uomo, l'allievo doveva adeguarsi a questo stile di vita semplice e lavorare sodo. Non vi erano distinzioni né parzialità. Eppure tra di loro regnava una completa condivisione, un profondo amore e un senso di unità. Era la grandezza del maestro la fonte di tutta la bellezza e l'incanto della loro vita. La sua presenza aiutava i discepoli a dimenticare tutte le divisioni e a vivere uniti, assimilando la conoscenza che impartiva loro.

Quindi, figli miei, ricordate che solo attraverso l'amore e il rilassamento è possibile crescere. Sfortunatamente, la nostra concezione di crescita autentica è cambiata e associamo il termine 'crescita' a un fenomeno esteriore come, ad esempio, diventare ricchi, comprare più auto, più beni, più cose, e così via. Riferendosi a chi ha ottenuto tutto questo, la gente esclamerà: 'Com'è cresciuto!' Pensiamo che sia cresciuto, ma si tratta di una crescita reale? Fino a quando una persona è divisa interiormente non può crescere. La maggior parte degli esseri umani è divisa, talvolta sia interiormente che esteriormente. Come può un individuo o una società evolvere se manca l'amore e il senso di unità?

La vera crescita avviene nell'unione che nasce dall'amore. Il latte materno nutre il bambino, gli infonde forza e vitalità e gli consente di crescere in modo sano e armonioso. Quello che fluisce dal seno materno non è semplice latte; in realtà, sono il calore, l'amore e l'affetto della madre che hanno assunto quella forma. Allo stesso modo, l'amore è il latte grazie al quale la società può crescere globalmente. L'amore fornisce la forza e la vitalità affinché la società cresca senza divisioni".

Capitolo 7

La Madre dell'universo

Erano le cinque del pomeriggio. La Madre era in piedi di fronte alla stalla con un gruppo di *brahmachari*, *brahmacharini* e visitatori. Un *brahmachari* stava riportando nella stalla le mucche che erano legate fuori. Proprio mentre stava slegando l'ultima, la Madre gli disse: "Figlio, aspetta un attimo". Sorridendo, Amma si avvicinò a una mucca: improvvisamente si mise in ginocchio appoggiando le mani a terra, e come un bambino piccolo cominciò a bere il latte direttamente dalla mammella della mucca. L'animale era immobile, con un'espressione d'immensa beatitudine. Mentre la Madre beveva, le mammelle sembravano riempirsi ancora più di latte. La Madre aveva un'aria graziosa e innocente, mentre il latte le colava lungo le guance.

Quelli che osservavano questa straordinaria scena erano profondamente commossi perché ricordava loro le storie di Sri Krishna bambino. Quella mucca doveva aver accumulato tantissimi meriti per poter avere l'opportunità di nutrire in tal modo la Madre dell'universo.

Infine Amma si alzò, si asciugò il viso con un asciugamano e poi baciò affettuosamente la mucca. "Figli, questa mucca desiderava da tanto tempo che Amma bevesse il suo latte. Lo desiderava ardentemente" disse.

Uno dei devoti esclamò con grande emozione: "Amma, Tu sei davvero la Madre dell'universo! Puoi capire i pensieri e i sentimenti di tutte le creature e agire di conseguenza".

La Madre camminò verso il retro della stalla. Il *brahmachari* slegò la mucca che, mentre andava verso la stalla, volse il muso verso Amma, continuando a guardarla.

La Madre disse:
"Figli, ci fu un tempo in cui tutti, persino i suoi genitori, abbandonarono Amma a causa dei suoi modi insoliti. Quando questo accadde, furono gli uccelli e gli animali a prendersi cura di lei. Un cane le portava dei pacchetti di cibo. Quando Amma usciva dal *samadhi* (stato di profonda beatitudine), una mucca si avvicinava e si fermava davanti a lei in una posizione tale da permetterle di bere a volontà dalle sue mammelle. Un'aquila volava su di lei facendole cadere vicino un pesce affinché Amma potesse mangiarlo crudo. Figli, quando siete uno con la creazione, quando il vostro cuore è colmo di amore e null'altro, tutto nella natura diventa vostro amico e si mette al vostro servizio. Sono l'egoismo e la chiusura mentale che allontanano le creature da voi".

Adesso la Madre era dietro la stalla. Vedendo che la vasca contenente l'urina delle mucche stava per traboccare, esclamò: "Figli, Amma è sorpresa nel vedere che nessuno abbia pensato di svuotarla". La Madre mandò a chiamare il *brahmachari* che si occupava della stalla.

"Guarda!" gli disse. "Non è tuo compito assicurarti che la stalla e i suoi dintorni restino puliti?" Figli non è importante cosa fate ma come lo fate. Se non agite con amore e dedizione, come potete progredire spiritualmente? Amma non vuole mettersi a fare grandi discorsi. Dovreste imparare a svolgere ciò che occorre senza aspettare che vi venga chiesto".

La Madre cominciò a svuotare la vasca con un secchio. A questo punto un gruppo di persone si fece avanti senza osare inizialmente avvicinarsi ad Amma, nel timore che fosse in collera e potesse rifiutare il loro aiuto. Ma lei non disse nulla. Interpretandolo come un permesso, si misero a cercare altri secchi e iniziarono a svuotare la vasca. Dopo pochi minuti era vuota. Al termine del lavoro, il vestito della Madre era tutto sporco, ma lei non ci badò. Raccogliendo una scopa che giaceva in un angolo cominciò a spazzare la zona intorno alla stalla. Malgrado i suoi figli la pregassero di lasciare a loro questo compito, Amma continuò fino a quando tutto era pulito.

Era giunta l'ora dei *bhajan*. La Madre andò nella sua stanza e uscì dopo qualche istante, permettendo a tutti di bere la beatitudine che fluiva dai suoi canti appassionanti.

La paura blocca la spontaneità

Terminati i *bhajan*, la Madre rispose graziosamente ad altre domande. I devoti erano felicissimi dell'opportunità che gli veniva offerta: poter attingere a quella fonte infinita di saggezza.

Qualcuno le chiese: "Amma, l'altro giorno hai detto che una persona non può rilassarsi se è assalita dalla paura e che non può neppure esprimersi con spontaneità. Cosa provoca questa paura?"

La Madre rispose:

"Figli, questa paura è causata dal timore di quello che gli altri potrebbero pensare di noi. È la paura del giudizio. Il senso dell'alterità è il nocciolo del problema. Fino a quando c'è questa paura, il cuore rimane chiuso, e un cuore chiuso non può esprimersi pienamente.

Prendete ad esempio un alunno cui è stato chiesto di recitare una poesia davanti alla classe. L'aveva imparata ripetendola da solo a casa, ma quando poi è in pubblico viene assalito dal timore di essere giudicato. Preoccupato dell'opinione degli amici e dell'insegnante se fa un errore, dimenticherà tutto ciò che ha imparato.

Mentre è solo nella sua stanza, con la porta chiusa, il ragazzo è rilassato e senza nessun timore. In mezzo agli altri, invece, non riesce a rilassarsi. Il pensiero di essere osservato ed eventualmente giudicato o criticato dai compagni lo blocca psicologicamente e gli impedisce di parlare. Il senso dell'alterità è responsabile di questa paura e blocca ogni ispirazione, non consentendoci di esprimerci. Dobbiamo imparare a sentirci sempre rilassati come quando siamo soli nella nostra stanza.

È quando un cantante dimentica se stesso e il pubblico che il suo canto cattura l'anima. Un'opera d'arte toccherà il nostro cuore solo se l'artista ha scordato se stesso e anche tutto il resto. Per riuscire ad esprimere pienamente i propri talenti in tutta la loro pienezza e bellezza, occorre che venga meno il senso dell'altro. Il sentimento di alterità blocca il flusso del cuore.

Amma conosce un ragazzo che possiede uno spiccato talento per il canto. Ha una voce meravigliosa, ma quando si tratta di cantare di fronte agli altri non riesce a mostrare le proprie doti: inizia a tremare, a sudare e finisce per stonare. Povero ragazzo! In preda alla paura di essere giudicato, è assalito da pensieri quali: 'Come potrò cantare davanti a tutte queste persone? Il mio canto piacerà? Sarò capace di cantare bene? E se non ci riesco, cosa penserebbero di me?' Non gli è quindi possibile cantare davanti a un pubblico.

Guardate un *Mahatma*: quando lo desidera, può esprimere completamente la sua natura in tutto il suo incanto e la sua bellezza. Nulla lo condiziona. È privo del sentimento di alterità e non ha paura. Può muoversi e relazionarsi liberamente con chiunque, in qualsiasi momento e ovunque sia. Come ci riesce? Vedendo in ogni cosa e in ogni persona il suo stesso Sé. Per un *Mahatma*, esiste solo il Sé".

Sembrava che la Madre stesse parlando di se stessa. Chi la osserva, si accorgerà ben presto quanto lei si unisca liberamente alle persone e si adegui alle diverse situazioni senza mai sentirsi fuori posto. Per Amma, nessuno è estraneo e neppure la gente la sente come tale. Questo permette alle persone di aprirsi e di confidarle i loro sentimenti. Sentono che la Madre è molto vicina a loro, che lei appartiene a loro. E questa è proprio la verità: infatti, nessuno può essere più vicino a noi della Madre, che è il nostro

Sé più profondo. Amma non ha il senso dell'alterità. Avendo trasceso ogni paura, può esprimere interamente la sua natura in tutte le circostanze.

Essere soli e sentirsi soli

Qualcuno pose questa domanda: "Qual è la differenza tra essere soli e sentirsi soli?"

La Madre rispose:

"L'essere soli (solitudine interiore) vi aiuta a rilassarvi e non ha nulla a che vedere con il sentirsi soli. Vi sentite soli quando avete l'impressione di essere travolti dai vostri pensieri e dalle vostre emozioni. Immaginate di avere una famiglia unita, che il vostro impiego sia vicino a casa e che vi piaccia trascorrere del tempo con i vostri cari. Improvvisamente la vostra azienda vi chiede di trasferirvi all'estero per due anni, di partire immediatamente e di non portare con voi la famiglia. Quando arrivate nella nuova dimora, vi sentite immensamente tristi, vi sembra di avere perso tutta la forza e l'entusiasmo. Non riuscite a smettere di pensare alla moglie e ai figli. La separazione dalla famiglia vi fa sentire soli e più avete nostalgia della famiglia, più diventate vulnerabili. Quando vi sentite soli, la vostra sfera emotiva è disturbata; quando siete turbati, diventate più fragili perché siete schiavi della vostra mente. In questo stato potete cadere facilmente vittima delle circostanze e perdere così la pace mentale. Una persona che si sente sola è inquieta e non può sentirsi serena e felice. Questo è ciò che l'isolamento produce.

L'essere soli, invece, è una condizione che coinvolge la nostra sfera più profonda e ci comunica un senso di gioia e di pace in ogni situazione. Sia che siate fisicamente soli o in mezzo a una folla di estranei in un paese che ha una cultura e una lingua diversa dalla vostra, sarete contenti e manterrete la vostra spontaneità. Chi ha sviluppato questa solitudine interiore non è più sopraffatto dalle emozioni e non si sentirà mai triste né vuoto. In questo stato, nulla potrà disturbare il flusso spontaneo del suo cuore.

Vi sentite soli quando siete in balìa della mente. Per contro, la solitudine è uno stato cui si accede quando padroneggiate la mente, quando l'avete trascesa. L'isolamento è una condizione esterna che riguarda il corpo e la mente, mentre lo stare soli è un'esperienza interiore che appartiene *all'Atman*. L'isolamento è generato dall'attaccamento, la solitudine dal distacco. Il primo stato vi fa sprofondare in uno stato di oscurità e di dolore, il secondo porta la luce e l'amore nella vostra vita.

La solitudine non è ritirarsi in un luogo magnifico e pittoresco, lontano dalla folla. Farlo, potrebbe rendervi inquieti se non avete ancora sperimentato la solitudine interiore.

Provate un senso di isolamento quando siete tesi e agitati; per contro, potete stare in solitudine quando siete rilassati e liberi da tensioni. L'isolamento chiude il cuore e vi priva della possibilità di esprimervi, mentre l'essere soli vi consente di aprirvi completamente ed esprimervi con naturalezza e spontaneità. La sensazione di sentirsi soli indica che una persona è legata al mondo e ai suoi oggetti ed è schiava dei desideri. La solitudine è segno di un'anima libera dai desideri per gli oggetti e i piaceri del mondo".

"Come possiamo giungere allo stato di solitudine? Come sbarazzarci delle nostre paure e del senso dell'alterità?" chiesero alla Madre.

La Madre rispose:
"Solo attraverso la meditazione. Per poter vivere in totale rilassamento e in perfetta solitudine, bisogna prima avere eliminato l'interferenza del passato e del futuro. Esiste solo il momento presente, che va vissuto pienamente. La meditazione è la tecnica che ci insegna a restare nel momento presente.

Concentrandoci, ad esempio, su una forma, su un suono o sulla luce, impariamo a dimorare nella solitudine interiore e a provare gioia in ogni situazione. Essere contenti nel proprio Sé, grazie al Sé e per il Sé: questa è la solitudine interiore. Lo scopo delle pratiche spirituali è permetterci di accedere a questo stato, focalizzando la mente su un solo punto. In realtà, la nostra felicità non deve essere vincolata agli oggetti o alle persone, ma dobbiamo diventare indipendenti e dipendere solamente dal nostro Sé, la reale Sorgente di tutta la gioia. L'essere in presenza di un vero Maestro è la condizione migliore per poter assaporare questa solitudine interiore.

Non bisogna confondere questo stato di solitudine con l'essere fisicamente soli in un posto tranquillo. Se non avete messo a tacere la mente, non sperimenterete una solitudine interiore neppure se vi sedete in un posto isolato, in una grotta stupenda dell'Himalaya o in un bel bosco lontano da tutto e da tutti. Se vi sentite agitati, non potete conoscere la vera solitudine e sarete sempre soggetti ai moti della mente e alle sue negatività.

Fermamente intenzionati a seguire rigorosamente la loro *sadhana*, tre aspiranti spirituali decisero di dirigersi verso le montagne. Prima d'iniziare il viaggio, stabilirono di fare voto di silenzio per tre anni. Per tutto questo tempo condussero una severa vita ascetica. Un mattino, passò accanto a loro un cavallo. Dopo circa un anno, uno degli asceti esclamò: "Che magnifico cavallo bianco!" Non aggiunse altro. Trascorse un altro anno. Un giorno, uno dei praticanti pronunciò un'unica frase: "Non era bianco ma nero". Trascorsero un altro anno in silenzio. Alla fine dei tre anni, il terzo asceta aprì la bocca ed esclamò: "Adesso basta! Me ne vado! Voi due non avete nessuna disciplina e disturbate gli altri con tutti i vostri discorsi".

Questa storiella suscitò una risata generale.

"Figli, si può assaporare la solitudine interiore solo quando la mente è ferma e silenziosa. Da quella quiete, spunterà il bellissimo fiore della pace e della beatitudine.

In quello stato sarete sempre nella pace e nella beatitudine, sia che vi troviate su questo pianeta o in un altro mondo, persino nei mondi inferiori. Poco importa se sarete fisicamente soli o in un luogo molto rumoroso: vi sentirete sempre appagati e felici.

Un *Satguru* creerà delle circostanze per scoprire questa solitudine interiore. Il Maestro non insegna nulla, ma in sua presenza si creano spontaneamente situazioni che favoriscono questo stato. Tutto ciò è possibile perché il Maestro è la personificazione di "Quello" e produce i presupposti che vi aiuteranno a crescere spiritualmente. Il Maestro vi aiuta a chiudere le porte e le finestre dei sensi, attraverso cui vi allontanate dal vostro essere interiore. Non potete accedere al Sé servendovi delle porte e delle finestre dei sensi. In realtà, non avete bisogno dei sensi per accedervi.

Immaginate di vivere in un luogo incantevole e suggestivo: mentre siete in casa, vi viene voglia di dare un'occhiata al paesaggio circostante. Potete aprire la porta e uscire cominciando a passeggiare, oppure rimanere in casa e guardare dalla finestra. Tuttavia, se desiderate entrare in contatto con voi stessi, non occorre che guardiate fuori. Non importa se la porta di casa è chiusa o aperta, perché sapete bene che la scoperta di voi stessi non avviene guardando fuori, ma dentro di voi. I sensi sono gli strumenti con i quali percepiamo il mondo esterno, ma non ci sono utili per fare l'esperienza del Sé. Il Sé non è infatti all'esterno, nel mondo, e non si può vedere con gli occhi né percepire con gli altri organi sensoriali, rivolti esclusivamente all'esterno, proprio nella direzione opposta. Se volete vedere il Sé, dovete diventare ciechi, chiudere le porte dei sensi e portare l'attenzione all'interno, dove dimora. Ad ogni modo, quando avrete realizzato il Sé, potrete anche esteriorizzarvi attraverso le porte dei sensi, perché avrete acquisito una visione in cui ogni cosa non è più separata dall'altra, ma fa parte dell'insieme. Perché questo possa accadere, bisogna diventare ciechi a questo mondo di pluralità. Diventando ciechi al mondo esterno, si apre l'occhio divino interiore. Allora, anche tenendo i nostri due occhi aperti, con il terzo occhio della conoscenza e della saggezza infinita vedremo le cose da nuove angolazioni. Questo è ciò che traspare dagli occhi di un *Mahatma*.

La meditazione è la tecnica con cui chiudere le porte e le finestre dei sensi per raccogliersi all'interno e vedere il Sé. Ciò nonostante, la vera meditazione è possibile solo in presenza di un *Satguru*. Un vero Maestro è sempre in meditazione, persino quando è impegnato nell'azione. È soprattutto la sua presenza che vi permette di aprirvi. Al suo cospetto, potete giungere a quella solitudine interiore e liberarvi di tutte le paure e del senso di alterità".

La Madre si fermò, e nel silenzio della notte iniziò a cantare *Nilameghangale*.

Nilameghangale

O nuvole blu,
dove avete preso oggi il vostro colore blu?
A Vrindavan, dall'incantevole carnagione del figlio di Nanda?

Avete incontrato il piccolo Kannan, Krishna?
Vi siete parlati?
Vi siete scambiati un sorriso?
Vi ha avvolto
con i Suoi occhi blu come il loto,
con il Suo sguardo carezzevole?

Kannan vi ha detto
quando apparirà di fronte a me?

Vi ha detto che mi accoglierà?
Non vi ha affidato qualche parola consolante
per la pace della mia mente?

Lo sforzo personale in presenza del Satguru

Nel sentire la voce di Amma, molti residenti uscirono dalla propria capanna e andarono a sedersi vicino a lei. Al termine del *bhajan*, la Madre rimase seduta tranquillamente ad ammirare il magnifico cielo rischiarato dalla luna e la scintillante distesa delle stelle. Dopo qualche minuto fecero un'altra domanda alla Madre.

"Amma, sembrerebbe che tutto accada spontaneamente alla presenza di un vero Maestro, senza nessuno sforzo da parte nostra. Ma non occorre lo sforzo personale per aprire l'occhio interiore?"

La Madre rispose:

"Figli, perfino lo sforzo personale avviene spontaneamente alla presenza di un Maestro, a condizione che abbiate l'atteggiamento, la fede e la comprensione adeguati. Le situazioni create dal Maestro non vi lasciano scelta: lo sforzo personale si produce a vostra insaputa. Proprio come un bocciolo si apre e diventa un fiore splendido e profumato, così vi aprite spontaneamente e naturalmente in presenza di un *Satguru*.

È indubbiamente necessario lo sforzo personale, ma perché porti frutto dobbiamo sapere cosa va fatto e come va fatto. Solo un perfetto Maestro può impartirci questa conoscenza, che possiamo acquisire attraverso un costante contatto con lui. Poi, tutto diventerà più facile. Voi pensate che occorra fare qualcosa per giungere alla liberazione, ma lo scopo del rapporto guru-discepolo è far comprendere al discepolo che non occorre fare nulla perché *moksha* non è un'esperienza che giunge a voi o discende in voi dall'esterno, ma fa già parte di voi, è uno stato in cui già dimorate.

Non è la mente né il passato a costituire il problema; il problema sta nella vostra *identificazione* con la mente, con il passato. L'attaccamento non intelligente e il senso dell'io e del mio sono il problema. Una volta che imparate l'arte del distacco e a rimanere testimoni, allora il vostro modo di vedere le cose cambia.

Amma ha sentito questa storia che illustra bene questo punto. Una fabbrica sta bruciando: disperato, il proprietario piange singhiozzando e come un pazzo urla: 'Tutto sta per essere distrutto! Tutta la mia ricchezza, tutto ciò che ho guadagnato lavorando duramente è andato perduto. Sono rovinato!' Improvvisamente un amico gli si avvicina e gli dice: 'Perché piangi e ti disperi? Non sai che ieri tuo figlio ha venduto l'azienda? Non è più tua!' L'edificio sta ancora bruciando, la situazione non è cambiata, ma l'uomo smette subito di piangere. Non è più addolorato, si asciuga le lacrime e sorride sollevato. Proprio in quel momento arriva il figlio che esclama: 'Papà, perché stai lì senza fare nulla? Non vedi la fabbrica in fiamme? Perché non intervieni?' L'uomo esclama: 'Cosa dovrei fare? Non l'hai venduta?' 'No papà, l'avevamo quasi venduta, ma poi ci sono stati degli intoppi e non abbiamo concluso la trattativa', risponde il figlio. A queste parole, il padre sprofonda nuovamente nella disperazione e ricomincia a singhiozzare.

Non è lo stabilimento in fiamme la causa del dolore dell'uomo. L'idea che esso gli appartenga o che non gli appartenga suscita in lui due stati d'animo opposti. Il terrore e la disperazione iniziale si trasformano in felicità e sollievo, e poi di nuovo si tramutano in disperazione. La situazione esterna non è mutata perché il capannone continua a bruciare; ciò che cambia è dentro di lui. Quando viene a sapere che la fabbrica è stata venduta, l'uomo si distacca e osserva il rogo, ma nel ricevere la notizia che l'affare non è andato in porto e che è ancora sua, l'attaccamento lo fa sprofondare nella sofferenza. Rinunciandovi, è possibile rimanere sempre sereni. Smettetela di identificarvi con il mondo creato dalla mente e un nuovo mondo si aprirà davanti a voi. Potreste avere una bellissima casa, una splendida macchina e altri beni, ma in realtà non possedete nulla. Se non permettete agli oggetti materiali di condizionare la vostra vita, li potrete controllare. Non pensate che tutti i ricordi scompariranno quando giungerete allo stato di perfezione. No, ci saranno ancora, ma voi non vi identificherete più con loro. Una volta che vi siete disidentificati con il passato, esso diviene uno spazio dove custodire le memorie, non un posto in cui vivere. Se vi occorre qualche dato che riguarda il passato, andate in questo spazio, prendete l'informazione di cui avete bisogno e poi allontanatevi. Non sceglietelo come vostra dimora. È importante comprendere questo punto: non trascorrete la vita nel ripostiglio del passato perché non è la vostra casa. Uscite da lì e vivete nella luce, nell'amore e nella libertà che vi appartengono. Questo è il messaggio di un vero Maestro e lo imparerete stando semplicemente in sua presenza. Non è possibile ricevere questo insegnamento da nessun'altra parte".

Capitolo 8

Il lavoro come atto di adorazione

Stamani i lavori per costruire la nuova sala di preghiera sono iniziati presto. Quasi tutti i residenti dell'ashram lavoravano sodo, trasportando il cemento in grandi piatti di metallo che si passavano. Avevano iniziato da poco quando la Madre arrivò sul posto; mentre stava per unirsi al gruppo, Balu la implorò dicendo: "Amma, stiamo utilizzando il cemento. Ti prego, non fare questo lavoro! Perché ti preoccupi quando siamo così tanti a svolgerlo? Amma, se ti arrivasse uno schizzo di questo materiale sulla pelle, potrebbe bruciarti".

La Madre rispose: "Anche la tua pelle potrebbe bruciarsi, non solo quella di Amma".

Ma Balu insistette: "Amma, per piacere lascia stare! Ci pensiamo noi".

La Madre gli sorrise e poi disse: "Figlio, Amma è contenta di fare qualsiasi tipo di lavoro. Fin da quando era piccola ha dovuto lavorare sodo. Il suo corpo non ha mai conosciuto il riposo. Non preoccuparti".

Altri residenti tentarono di dissuaderla dal partecipare ai lavori, ma tutte le loro preghiere furono vane. Con un sorriso smagliante, si strinse un panno intorno alla testa e iniziò a lavorare insieme ai suoi figli. Sollevando uno dei piatti pieni di cemento, l'appoggiò sulla testa e cominciò a camminare.

Tutti erano immersi nel lavoro quando uno di questi recipienti colmi scivolò improvvisamente dalle mani di un *brahmachari* e cadde pesantemente a terra. L'uomo riuscì a spostarsi prima che gli finisse sui piedi, ma nel cadere il cemento schizzò e qualche schizzo finì sul viso della Madre. Il *brahmachari* esclamò: "Amma,

ti prego, perdona la mia mancanza di *shraddha* (attenzione)".
"Non c'è problema! Fa parte del gioco", disse la Madre sorridendo, mentre si asciugava il viso con l'asciugamano che gli stava porgendo un altro *brahmachari*, e poi riprese a lavorare cantando "Om Namah Shivaya". Tutti quanti si unirono a lei. Al termine, intonò un altro canto: *Adiyil Parameswariye*.

Adiyil Parameswariye

O Dea suprema e primordiale,
o Madre dell'universo,
nel mondo il mio solo scopo
sei Tu.

O Madre, dagli occhi
meravigliosi come i petali del loto blu,
sei il supporto dei tre mondi.
O Tu che dimori nel fiore di loto,
Maya, o Incantatrice,
Sorgente di ogni cosa,
liberami dalla sofferenza.

Tu sei misericordiosa
e distruggi l'avidità,
Tu ci guidi attraverso il mondo della trasmigrazione.
Ti prego, proteggimi.
O Madre che accordi la devozione e la liberazione,
o Katyayani di grande fama,
mi prostro davanti a Te.

O Dea della terra
che sei saggezza e conoscenza,
unica delizia e unico nutrimento
di tutta la creazione.

Tu che esaudisci tutti i desideri,
Ti prego, liberami dall'orgoglio,
dimora nella mia mente
e rimuovi i miei desideri.

La Madre era in piedi sotto il sole cocente. Un devoto cercò di ripararle la testa con un ombrello, ma lei rifiutò affettuosamente e si allontanò dicendo: "No, no! Come potrebbe Amma usare un ombrello quando tutti i suoi figli lavorano sotto il sole?"
Faceva sempre più caldo; perle di sudore brillavano sul meraviglioso viso della Madre. Da due ore Amma lavorava senza sosta, ma il suo sorriso non svanì neppure per poco. Si asciugò il volto con un asciugamano e disse: "Figli, mentre lavorate cercate di sentire la presenza di Dio ovunque. Immaginate che tutti i vostri compagni siano scintille del Divino. Dio trasporta la sabbia, Dio passa il cemento a Dio; costruire, mischiare il cemento, i recipienti di metallo, tutto è pervaso dalla coscienza di Dio. Cercate di svolgere il vostro compito con questo atteggiamento. In tal modo, non sprecherete il vostro tempo".

A un certo la Madre posò il piatto di metallo a terra. Ora aveva solo un panno avvolto come un turbante intorno alla testa. Era così graziosa e attraente che alcuni dei residenti si fermarono a guardarla, mentre un sorriso illuminava il loro volto.

Proprio allora, arrivò un gruppo di giovani uomini, devoti della Madre da lungo tempo, portando con sé dei nuovi visitatori. La Madre si tolse il turbante e si diresse con loro verso la sala di meditazione. Balu e altri due *brahmachari* si unirono al gruppo, sapendo che Amma avrebbe parlato di argomenti spirituali con questi giovani, che erano dei ricercatori sinceri.

Dopo essersi prostrati alla Madre, uno di loro esclamò: "Amma, sembra che tu abbia lavorato a lungo, sarai stanca".

"Figlio," rispose lei, "sentirai la fatica quando non farai le cose con amore. Se compi le tue azioni con amore, non puoi essere sopraffatto dalla stanchezza né dalla noia".

Dopo aver conversato un po', uno dei nuovi arrivati le fece una domanda.

Sia che crediate o no, la vostra natura divina rimane inalterata

"Amma, la spiritualità ci esorta ad abbandonare l'ego. Ma a cosa serve lasciar cadere l'ego? Io credo che l'ego sia utile, che abbia una ragione di essere. Questo mondo meraviglioso esiste grazie a lui. Se questo mondo dovesse scomparire con lui, preferirei allora aggrapparmi al mio ego. Se potessi scegliere, lo terrei, non voglio lasciarlo andare".

La Madre rispose:

"Figlio, non si può costringere nessuno ad abbandonare il proprio ego. Tutti lo considerano un tesoro prezioso e a nessuno piace rinunciarci. Ad ogni modo, quando sarai libero dall'ego, il mondo non sparirà come forse pensi. Il mondo continuerà ad esistere, ma sarai tu ad essere cambiato interiormente. È stato tolto un velo e così tu cominci a guardare il creato con la meraviglia e l'innocenza di un bambino.

Quando realizzi il Sé, è come se l'intero universo giungesse alla realizzazione, perché in quello stato ti viene rivelata la natura onnipresente dell'*Atman*. È l'*Atman* che vedi e percepisci ovunque. Quando in te affiora la realizzazione che tutto è permeato dalla Coscienza divina, ti accorgi che ogni essere umano, che ogni cosa nella creazione è già divino. La sola differenza è che, contrariamente agli altri, sei cosciente che entrambi siete un tutt'uno con il Divino. Si tratta semplicemente di svelare la Verità.

Figlio, che tu abbandoni il tuo ego o meno, il Divino è la tua vera natura. Nulla può cambiare questa verità. Potresti insistere affermando: 'Io sono l'ego, il corpo, la mente e l'intelletto', ma questo non cambierà le cose. La tua mancanza di comprensione non influenza minimamente la tua vera natura. Sarebbe come se tu affermassi che la Terra è piatta e non rotonda. Se continui a proclamare ovunque che la Terra è piatta, convinto che sia così, si produrrà qualche cambiamento nella forma della terra? Assolutamente no. Allo stesso modo, sei libero di credere di essere l'ego e che l'ego è reale, ma rimarrai comunque ciò che sei: il Sé, l'*Atman*. Il non crederci non muterà né toglierà nulla alla tua natura divina.

Se qualcuno crede che il fuoco è freddo e che il ghiaccio è caldo, il fuoco diventerà forse freddo e il ghiaccio caldo? No, impossibile. La stessa cosa avviene con te e con la tua vera natura.

Potresti ribattere dicendo che la forma rotonda della Terra e che le temperature del fuoco e del ghiaccio sono fatti oggettivi, mentre il Sé, la nostra vera natura, è oggetto di fede.

Figlio, prima che si provasse che la Terra fosse rotonda, crederlo non era una questione di fede? Gli scienziati non avevano un'opinione comune a riguardo: alcuni pensavano che fosse piatta. In seguito fu dimostrato che la Terra è rotonda, ma prima di allora questo argomento rimaneva un mistero, era oggetto di fede. Prima che gli scienziati riescano a provare qualcosa, credono nella loro tesi. Lavorano sulla base di certe ipotesi e, quando sono convalidate dai loro esperimenti, dichiarano che sono vere. Quindi, tutto è una questione di fede, fino a quando non si ha l'esperienza diretta o una dimostrazione scientifica.

Proprio come gli scienziati hanno comprovato le loro diverse teorie attraverso le ricerche condotte in laboratorio, così i santi e i saggi hanno indagato nei loro laboratori interiori e hanno fatto to l'esperienza diretta del Sé, della Realtà ultima. Non si tratta dell'esperienza di una o due persone in un luogo e in un momento particolare della storia, ma di quella di tutti gli esseri su questo pianeta che hanno esplorato il loro Sé. Non puoi dunque negare la sua autenticità dicendo che è solo una semplice credenza e che non si basa sui fatti".

Solo un bocciolo può fiorire

"Tieni il tuo ego se lo desideri, non lasciarlo", proseguì la Madre. "Nessuno ti costringerà ad abbandonarlo perché non si può usare la forza in questo contesto. È come quando i petali del fiore si aprono: il bocciolo si deve schiudere da sé, in modo spontaneo. Solo allora il processo naturale della fioritura rivelerà tutta la bellezza e la fragranza del fiore. Se invece tu fossi impaziente e tentassi di aprire i petali con la forza, il fiore morirebbe. La forza comprometterebbe il processo interno di apertura.

Quando un bocciolo rimane chiuso a lungo, avverte il forte desiderio di aprirsi, di fiorire e di danzare con gioia al soffio della brezza. Lo stadio del bocciolo è paragonabile a una prigione. L'essere rinchiusi fa nascere l'aspirazione alla libertà e fa sorgere una sete ardente di spezzare le catene e di uscire. Potremmo affermare che si tratta di una legge inviolabile: per conoscere davvero la gioia e la libertà bisogna prima conoscere le catene e la prigione. Perché solo un bocciolo può fiorire. Prima che il fiore sbocci, deve passare attraverso lo stadio di bocciolo. L'urgenza di aprirsi nasce in questa fase.

In maniera simile, il tuo cuore, quando è chiuso, si chiama ego. Forse, prima di schiudersi, il bocciolo pensa: 'Io sono un bocciolo e sono contento di esserlo. Questo mondo è così bello! Se potessi scegliere, vorrei restare così. Dicono che vi sia uno stadio superiore che consiste nell'essere un fiore, bello e profumato; parlano dei petali colorati e dello squisito profumo che posseggo.

Ma io non ne so nulla; sto bene e al sicuro così come sono. In effetti, ho paura di cambiare...'

Puoi rimanere dove sei e discutere quanto vuoi, ma non per molto. Il bocciolo inizierà presto a sentirsi a disagio, a provare un po' di inquietudine e un senso di soffocamento, e questo malessere si intensificherà. Si sentirà sempre più soffocare e una sete incolmabile di aprirsi e di liberarsi si impadronirà di lui; a poco a poco, queste sensazioni lo porteranno ad aprirsi completamente. Lo stadio di bocciolo del cuore è l'ego. Stai vivendo la stessa apprensione del bocciolo: 'Questo mondo è bello così com'è. Ho paura che possa scomparire. Se ho una possibilità di scelta, preferirei tenermi stretto l'ego'. Ragiona pure così, non c'è problema; discuti quanto vuoi, ma il fatto è che sei un potenziale fiore. Questa è la natura di ogni bocciolo, forse ora sta vivendo lo stadio di bocciolo, ma questo non significa che non ci sia in lui il fiore in forma latente. Nel cuore di ogni bocciolo chiuso c'è un fiore che aspetta di sbocciare, è un dato di fatto. Puoi essere scettico e negare questa realtà, ma nessuno dei tuoi pensieri può cambiare la verità. I pensieri e dubbi appartengono alla mente. No, non è possibile cambiare la verità. La verità rimane la verità – incontrovertibile e immutabile.

In un certo senso è bene rimanere il più possibile un bocciolo e dimorare nello stadio dell'ego, perché più a lungo sei rinchiuso, più forte sarà la tua determinazione a uscire. Più starai in prigione, più desidererai poter gustare la gioia infinita della libertà. Allo stesso modo, più rimani rinchiuso nel guscio del tuo ego, più cresce lo slancio che ti permetterà di schiuderti. Quindi, va bene così, non avere fretta, resta pure nel tuo piccolo guscio, continuando a razionalizzare quanto ti pare. È un buon segno, poiché significa che il momento di schiuderti si sta avvicinando.

Ricorda però che nessuno ti costringe ad aprirti, non ti si può obbligare ad abbandonare l'ego. Se hai scelto di restare aggrappato all'ego, fai pure. Vuol dire che preferisci vivere nel mondo oscuro del bocciolo, che ti senti a tuo agio lì. La tua mente si è così abituata all'oscurità del bocciolo che, nella tua ignoranza, credi che l'oscurità contenga la luce di cui hai bisogno. Non sai che il debole bagliore che ricevi è formato da compassionevoli raggi di luce che riescono in qualche modo a entrare attraverso i minuscoli spazi dei petali chiusi. Sono come la fioca luce di una prigione.

È come se fossi stato così tanto tempo in gattabuia che hai dimenticato cosa sia la vera luce. 'Sto bene in questa cella' ti dici. 'Per me non esiste una luce più forte. Non voglio nient'altro'. Perfino se ti raccontassero del sole luminoso che brilla all'esterno, risponderesti: 'No, non è possibile'. Ma il sole è reale e anche la sua luce. È la verità. Come potrebbe cessare di esistere solo perché lo neghi? Il problema è in te e non riguarda né il sole né la sua luce. Devi uscire e sperimentare questa luce. In cella ti senti al sicuro e hai paura di uscire. Temi quello che ti potrebbe accadere se uscissi. Questa tua preoccupazione è comprensibile perché non sai nulla di ciò che succede fuori dalla prigione. Nella tua situazione non hai altra fonte di informazioni che le parole della persona che ti dice: 'Guarda, amico mio, che fuori c'è un mondo meraviglioso e radioso! C'è la luce del sole, ci sono le montagne e le valli, i fiumi scintillanti, gli alberi in fiore, la luna e la volta stellata del cielo. Vieni con me. Io lo conosco bene perché ci vivo. Vieni amico mio, ti aiuterò a liberarti'. È sufficiente che ti fidi e credi alle sue parole. Abbandonati a lei e fai coraggiosamente qualche passo per capire di cosa parla. Ti dice: 'Amico mio, tu non sei affatto libero; sei in prigione, incatenato. Seguimi e ti mostrerò il cammino della libertà. Prendi la mia mano e ti ci porterò'.

Tutto rimarrà tale e quale se resisti e dici: 'No, non è vero! La mia cella è il mondo più bello che ci sia. Preferisco stare qui. Questa luce è la sola luce, e per me non esistono il sole né la luna né le stelle'.

Ad ogni modo, prima o poi, l'essere rinchiuso susciterà in te il bisogno istintivo e impellente, l'aspirazione ad assaporare la beatitudine della libertà. Ogni essere umano, che ne sia consapevole o meno, desidera essere libero e in pace in ogni circostanza. Prima o poi si produrrà dunque un varco.

Il guscio dell'ego, che ci siamo costruiti, deve rompersi affinché il cuore possa esprimersi pienamente.

Ma l'ego può essere spezzato solo attraverso il dolore che nasce dall'amore. Come un germoglio spunta soltanto quando il guscio che l'avvolge si apre, così anche il Sé si manifesta quando l'ego si spezza e si dissolve. Quando ci sono le condizioni favorevoli, l'albero che è contenuto in potenza nel seme comincia a sentire il dolore di essere imprigionato nel guscio e desidera la luce e la libertà. È l'intenso desiderio dell'albero assopito nel seme a far aprire il guscio. Questa rottura è certamente dolorosa, ma questo dolore è insignificante di fronte alla magnificenza dell'albero. Quando il germoglio è spuntato, il guscio perde d'importanza. Allo stesso modo, quando abbiamo realizzato il Sé, l'ego non ha più valore.

Figlio, se tu credi che l'ego sia così prezioso, tienilo pure. Ma arriverà il tuo turno. Il tuo cuore chiuso, il tuo ego, non potrà rimanere chiuso per sempre e dovrà aprirsi un giorno o l'altro. Ad ogni modo, non si può impiegare nessuna forza perché questo avvenga.

Non pensare che il mondo scompaia quando sarai senza ego, quando il bocciolo dell'ego si sarà trasformato nel fiore della realizzazione del Sé. Il mondo resterà così com'è, ma lo vedrai in modo diverso. Davanti a te si aprirà un mondo nuovo e dentro di te si rivelerà un mondo di meraviglie e di celestiale bellezza.

L'interno del bocciolo dell'ego è buio e stretto. Quando il bocciolo si schiude ed emerge il fiore, tutto diventa bello e s'illumina di splendore. Esci dalle tenebre per entrare nella luce brillante, per passare dalla prigione alla libertà, dall'ignoranza alla vera conoscenza. Questo mondo di diversità lascia posto all'unità. Tutto questo avviene dentro e non fuori di te".

Accade semplicemente alla presenza di un vero Maestro

Qualcuno le pose un'altra domanda: "Amma, hai detto che questa apertura non può essere forzata. Come fa il Maestro a favorire questa apertura?"
Ecco la risposta della Madre:
"Un vero Maestro è una *presenza*, la presenza della Coscienza divina. Lui non fa nulla. In sua presenza ogni cosa semplicemente avviene, senza nessuno sforzo da parte sua. Vi può essere sforzo solo quando c'è l'ego. Un vero Maestro è senza ego e quindi non c'è nessuno sforzo da parte sua. Perfino le situazioni che permettono all'aspirante di tuffarsi nella sua propria coscienza sorgono spontaneamente in presenza del Maestro. È così e non potrebbe essere altrimenti. Il sole non fa nessuno sforzo per produrre la luce, ciò nonostante non può impedirsi di brillare. Un fiore non compie alcuno sforzo per essere profumato perché questo fa parte della sua natura. Un fiume non fa nessuno sforzo per fluire, semplicemente fluisce. Tutto avviene in modo molto naturale. Gli esseri umani creano oggetti artificiali, ma la natura è sempre spontanea. Analogamente, un Maestro perfetto non fa nulla di particolare per creare una situazione favorevole al vostro progresso. La sua stessa presenza permette che avvenga spontaneamente ciò che è necessario. Non vi è sforzo da parte sua. La sua presenza è l'atmosfera migliore affinché il vostro cuore si apra. È tutto.

Il sole non fa nulla di particolare perché il loto sbocci, brilla nel cielo e, grazie alla sua esistenza, i fiori di loto di tutti gli stagni e i laghi della Terra si aprono. Il sole non fa nulla, si limita a risplendere. In maniera simile, la presenza di un *Satguru* è come il sole radioso che fa fiorire il loto del vostro cuore. Non è una questione di forza. Il suo amore e la sua compassione infiniti hanno il potere di sciogliere la roccia dell'ego. L'ego si fonde e si crea un flusso di amore supremo. Il Maestro non fa nulla.

Enormi lastre di ghiaccio si sciolgono al calore del sole. In primavera i ghiacciai himalayani si sciolgono e la neve scende a valle, scorrendo come torrenti e fiumi nei quali la gente può bagnarsi e dissetarsi. La presenza del *Satguru* può facilmente sciogliere il vostro ego duro come la roccia e dare luogo a un flusso meraviglioso di amore universale e di compassione.

La presenza del Maestro non implica nessuno sforzo. Egli si contenta di essere lì, ma alla sua divina presenza tutto avviene spontaneamente. La terra non ci impone nulla e neppure il sole, la luna, le stelle né gli altri elementi della natura. Ogni cosa si contenta di esistere. Solo gli esseri umani egoisti cercano di imporsi reciprocamente delle cose.

Fino a quando vi identificherete con il corpo, cercherete di forzare le situazioni; ma una volta che avrete trasceso il corpo, non potrete imporre nulla. Trascendere il corpo, o non averlo, significa non avere più l'ego. In questo stato diventa impossibile l'uso della forza.

Grazie alla presenza del sole nel cielo, innumerevoli fenomeni avvengono sulla Terra. Il sole è la fonte di energia che permette alla creazione di esistere. Senza di lui, senza i suoi raggi, gli esseri umani, gli animali e le piante non potrebbero vivere. Ma il sole non impone nulla a nessuno. Il sole è, e la sua semplice esistenza produce tutto il resto.

La stessa cosa avviene con il *Satguru*. Il sole che vediamo nel cielo non è che una piccola manifestazione della Coscienza infinita. Il potere del sole è una minuscola frazione di tutta l'energia cosmica. Il Maestro, invece, è *purnam* (il Tutto), è questa stessa Coscienza infinita. Ciò che è necessario agli esseri umani per la loro evoluzione avviene automaticamente in sua presenza. Non ha bisogno di usare alcuna forza. Un Maestro perfetto è la totalità della vita che si manifesta sotto una forma umana. In sua presenza fate l'esperienza della vita in tutta la sua intensità e vitalità".

Tutti ascoltavano le parole della Madre con estrema concentrazione e attenzione. Era come se l'acqua della fontana della Conoscenza fluisse dalla sua vera sorgente, proprio come il sacro Gange che scorre dalle vette dell'Himalaya nelle vallate sottostanti, permettendo ad ognuno di bagnarsi nelle sue acque dolci e benedette. Mentre contemplavano il viso radioso della Madre, i presenti entrarono lentamente in uno stato di profonda meditazione. Solo più tardi, quando la Madre iniziò a cantare un *kirtan*, ripresero coscienza del mondo esterno. La Madre cantò *Kodanukoti*, creando onde inebrianti di amore supremo.

Kodanukoti

O Verità Eterna,
l'umanità ti cerca
da milioni di anni.

Gli antichi saggi rinunciarono a tutto,
e per fondersi nel Tuo flusso divino
meditarono
e intrapresero tantissime austerità.

La Tua infinita fiamma,
inaccessibile a tutti,
brilla assieme allo splendore del sole.
Rimane perfettamente ferma, immobile,
nel vento furioso del ciclone.

*I fiori e le piante,
i santuari e i templi dai pilastri sacri
appena consacrati
Ti attendono da eoni.
Ma Tu rimani sempre inaccessibile.*

La Madre rimase per qualche istante in silenzio a contemplare il cielo e poi riprese la sua conversazione, dolce e profonda.

L'amore è possibile solo quando non si usa la forza

"Una vita vera, un'esistenza reale e piena di significato, sta diventando un fenomeno sempre più raro sulla faccia della Terra. Gli esseri umani e la società sono diventati come macchine e hanno perso la propria sensibilità. Ovunque dominano il mercanteggiare e la competizione. Troviamo tutto questo persino nella famiglia, dove dovrebbero regnare una sollecitudine e un amore profondi e dove la vita dovrebbe essere vissuta nella sua pienezza. L'essere umano, nel suo egoismo e nella sua avidità, nella sua mancanza di amore e di compassione, è diventato una macchina senza cuore, capace solo di forzare e d'imporsi.

Alla nostra mente meccanica piace usare la forza. Ci siamo abituati a vivere nell'egoismo, nella competizione, nella collera, nell'odio, nella gelosia e nella guerra. Abbiamo solo un rapporto superficiale con l'amore. Ci sono più familiari le qualità negative e sappiamo solo come forzare ed imporre. La forza non lascia all'amore nessuna possibilità di svilupparsi.

Solo la collera e l'odio richiedono la forza. Prendete la guerra, ad esempio. In guerra si fa un uso estremo della forza. Un conflitto armato è il risultato dell'unire assieme la rabbia, l'odio, il desiderio di vendetta e tutti i sentimenti negativi di un popolo. Quando la mente collettiva di un paese esplode quasi fosse un vulcano, dà luogo al fenomeno chiamato guerra. Una nazione in guerra tenta di prevalere su un'altra cercando di imporre le proprie condizioni e idee.

L'amore non può imporre nulla perché è la manifestazione della pura Coscienza; è una presenza che non può costringere, semplicemente è.

È possibile fare l'esperienza dell'amore vero solo se non si pongono clausole. Porle significa forzare. Ma dove regna l'amore non si può forzare nulla. Le clausole esistono solo dove sono presenti le divisioni. Si adopera la forza quando c'è la dualità, il senso dell'io e del mio, e si percepisce l'altro come diverso da sé. Quando però non c'è che l'Uno non si può usare la forza. In tale stato persino l'idea di forza viene meno, semplicemente siete. Diventando un canale aperto, la forza vitale dell'universo fluisce attraverso di voi. Lasciate che la Coscienza suprema assuma la guida e rimuova gli impedimenti e gli ostacoli che avete creato voi stessi, permettendo al fiume dell'amore che tutto abbraccia di seguire il suo corso.

Come il sole che splende e il vento che soffia sempre

È come se vi foste chiusi in una stanza per tanto tempo e finalmente ora aprite tutte le porte e le finestre. Vi lamentavate dicendo: 'Perché la luce del sole non entra in questa stanza? Perché qui non c'è neppure un briciolo d'aria?' Adesso però vi accorgete di cosa bloccava la luce e il vento. Il sole non aveva mai smesso di splendere e neppure il vento aveva smesso di soffiare. Seduti in quella stanza con tutte le porte e le finestre chiuse, continuavate a lagnarvi e ad incolpare il sole e il vento per non avervi visitato. Ora avete capito che non erano il sole e il vento ma voi ad essere in errore, e quindi spalancate le porte e le finestre lasciando entrare l'aria e la luce.

Aprendovi, scoprirete che il sole aveva continuato a brillare e il vento a soffiare, portando con sé il dolce profumo del Divino. Non ci sono condizioni e non occorre usare la forza. Lasciate semplicemente che la porta del vostro cuore si apra e scoprirete che non era mai stata chiusa. Questa porta è sempre stata aperta, ma nella vostra ignoranza pensavate che fosse chiusa a chiave.

Comunemente noi diciamo: 'Ti amo', ma invece di 'Ti amo', sarebbe meglio dire: 'Io sono amore, io sono l'incarnazione dell'amore puro'. Rimuovete l'io e il tu e scoprirete che c'è solo l'amore. È come se l'amore fosse imprigionato tra l'io e il tu. Rimuoveteli, poiché sono irreali, sono muri che non esistono e che avete costruito voi. Il divario tra l'io e il tu costituisce l'ego. Eliminando l'ego, la distanza scompare e anche l'io e il tu si dissolvono, si fondono per divenire tutt'uno: questo è l'amore. Siete voi che avete reso reali l'io e il tu. Toglietegli l'appoggio e spariranno. Realizzerete allora che non è esatto dire 'Io ti amo', ma 'Io sono quell'amore che tutto abbraccia'.

Figli, ogni volta che nella vita attraversate un periodo difficile, può esservi utile ricordare queste parole: 'Non mi aspetto di ricevere amore dagli altri perché non ho bisogno di essere amato da nessuno. Io sono l'Amore stesso. Sono un'inesauribile fonte d'amore che offrirà sempre e solo amore a chiunque si avvicinerà a me'.

La presenza di un Maestro perfetto è la presenza dell'amore divino. L'amore divino non si impone: è semplicemente lì per il vostro bene. Neppure l'amore terreno può essere forzato. Che dire allora dell'amore divino che trascende ogni limitazione?

Quando due persone s'innamorano, prima di iniziare ad amarsi non si mettono a discutere dei termini e delle condizioni del loro rapporto. Se ciò accadesse, non potrebbe nascere l'amore. Quando due innamorati s'incontrano, i loro cuori traboccano spontaneamente e si sentono irresistibilmente attratti l'uno l'altra.

In tutto questo non c'è sforzo né l'impiego della forza, non ci sono parole né si pongono condizioni. L'amore nasce quando non forzate nulla, quando siete totalmente presenti e manca il senso dell'io e del mio che ostacola la corrente d'amore. Il più lieve uso della forza distruggerà la bellezza dell'amore, che non potrà così manifestarsi".

Capitolo 9

Sentire il dolore di chi soffre

Durante il darshan di stamani, una devota che sembrava molto povera è andata dalla Madre e l'ha pregata con le lacrime agli occhi: "Amma, una tremenda epidemia ha colpito il pollame del mio villaggio e anche le mie galline si sono ammalate. Ti prego, Amma, salvale!"

A un *brahmachari* seduto accanto ad Amma non sono piaciute queste parole, e ha pensato: "Che sciocchezza! Oggi l'ashram è così affollato! Invece di uscire dalla capanna subito dopo essersi prostrata alla Madre, perché la gente la infastidisce con delle richieste così futili?" Non appena questo pensiero gli è balenato nella mente, la Madre, che nel frattempo stava consolando la donna, gli ha rivolto un'occhiata che l'ha freddato e gli ha detto: "Impara a comprendere i dispiaceri e i sentimenti degli altri". Allibito, il *brahmachari* è sbiancato di fronte alla rapidità con cui Amma l'ha colto in flagrante leggendo i suoi pensieri.

La Madre ha confortato la donna nel suo caratteristico modo spontaneo e affettuoso e le ha dato della cenere sacra per curare le galline malate. La donna ha sorriso sollevata e poi, tutta felice, è uscita dalla capanna. Dopo che si era allontanata, Amma si è volta verso il *brahmachari* e ha detto:

"Figlio, tu non puoi capire la sofferenza di quella donna. Hai idea delle difficoltà e dei dispiaceri che le persone devono affrontare nel mondo? Se te ne rendessi conto, non avresti considerato il suo lamento futile o sciocco. Tu non hai mai conosciuto le amarezze della vita! Capiresti la preoccupazione di quella donna per i suoi animali solo se avessi vissuto anche tu delle esperienze dolorose. L'unica sua fonte di guadagno è la vendita delle uova.

Se le galline muoiono, la famiglia patirà la fame. Quegli animali sono tutto per lei, tutta la sua ricchezza. Quando Amma pensa alla vita difficile di quella donna, la sua angoscia non le sembra per nulla insignificante. Con i pochi soldi che riesce a mettere da parte con la vendita delle uova può venire da Amma una o due volte al mese. Poiché Amma è consapevole delle sue difficoltà, a volte l'ashram le regala il biglietto dell'autobus. La sua vita è dura, ma pensa a quanta abnegazione e amore ha per Amma! Cerca di imparare dalla sua semplicità e innocenza. Quando Amma pensa a tali persone, il suo cuore si scioglie e le è difficile trattenere le lacrime. Quelli che hanno sempre avuto cibo in abbondanza non possono capire cosa significhi essere in preda ai morsi della fame.

Sai, figlio, ci sono tre tipi di persone in questo mondo: chi non ha nulla, chi ha lo stretto necessario e chi ha in sovrappiù. Ora, se quelli che appartengono al terzo tipo non fanno nulla per aiutare i primi due, Amma pensa che non dovrebbero essere considerati ricchi perché, in realtà, sono i più poveri tra i poveri. Chi naviga nel superfluo dovrebbe avere occhi per vedere le sofferenze degli altri, orecchi per udire il grido di aiuto dei poveri, un cuore pieno d'amore e di compassione per gli afflitti e mani pronte ad aiutare chi è nel bisogno. Figli, ascoltate il loro appello disperato! Nessuna sofferenza è insignificante. Per sentire davvero questo dolore, bisogna che il cuore sia pieno di compassione e ci permetta di cogliere e percepire le amarezze degli altri come fossero le nostre. Cercate di mettervi nei panni di queste persone e di percepire le vibrazioni del loro cuore affranto. Se non ci riuscite, allora tutte le vostre pratiche spirituali saranno sprecate".

Nell'ascoltare le parole penetranti della Madre, il *brahmachari* è stato preso dal rimorso e con le lacrime agli occhi si è scusato per l'errore commesso.

Fin dall'inizio del darshan, un giovane stava guardando Amma molto intensamente. Era un docente universitario di

Nagpur, arrivato all'ashram con molta fretta: "Vado al darshan di Amma e poi parto subito, ho delle cose urgenti da sbrigare a Nagpur", aveva detto. Erano però trascorsi diversi giorni ed era sempre nell'ashram. La Madre ha detto agli altri devoti: "Ogni giorno viene da Amma dicendo che sta per partire e lei gli dà il permesso. Amma gli dice: 'D'accordo, figlio, va' e torna presto'. Ma non parte mai".

Il giovane, che non parlava malayalam, non capiva le parole della Madre, ma vedendo che tutti lo guardavano, aveva immaginato che stesse parlando di lui. Un devoto l'ha aiutato traducendogli ciò che la Madre aveva appena detto. "Non vado più via. Non si pone quindi la questione di andare e poi tornare", ha dichiarato l'uomo.

Sorridendo la Madre ha replicato: "Ma Amma conosce anche il trucco per farti partire".

Tutti si sono messi a ridere.

Mentre il darshan continuava, i *brahmachari* cantavano *Prema Prabho Lasini*.

Prema Prabho Lasini

O Dea
ebbra di beatitudine immortale,
che gioisci nella luce dell'Amore,
dal sorriso incantevole come un fiore,
irradiando il bagliore della beatitudine...

Con le onde del fiume
di immortale beatitudine,
accarezzi chi cammina sul sentiero
di una vita lontana dalla paura e dal peccato.

I Tuoi piedi di loto,
avvolti dallo splendore del Sé supremo,

accordano tutto ciò che è propizio
e distruggono i legami del divenire.

Effondi su di me la Tua luce immortale
innanzi a cui il mio cuore si prostra,
così che possa fondermi nell'Anima universale.

La sensazione di essere incatenati

Un *brahmachari* ha chiesto: "Amma, le scritture dicono che il senso dell'io e del tu è irreale, che è un muro che ci siamo costruiti e al quale abbiamo conferito una sua realtà. Se è irreale, e se ogni cosa è una, perché, allora, io percepisco la differenza?"

La Madre ha risposto:

"Perché ignori di essere uno con il Tutto. In verità, non c'è nessuna catena che ti lega e nessun muro che ti separa dalla tua natura divina. Il muro o le catene sono illusioni create dalla mente. Distruggi l'illusione e svanirà anche la mente.

Ogni mattino un giovane mandriano portava le mucche a pascolare e la sera le riportava nella stalla. Prima di ritirarsi, si assicurava che ciascuna fosse ben legata al suo paletto. Una sera si accorse che una mucca non aveva più la corda. Il ragazzo non sapeva cosa fare: non poteva lasciarla slegata perché sarebbe fuggita e si sarebbe smarrita, e non poteva neppure andare a comprare una nuova fune perché era già molto tardi. Chiese così consiglio al monaco responsabile del posto. L'uomo gli disse: "Non preoccuparti, torna dalla mucca e fingi di legarla. Accertati che l'animale si accorga di quello che fai, nient'altro. Vedrai che la mucca non si muoverà".

Il ragazzo tornò alla stalla e fece come il monaco gli aveva detto, fingendo di legare la mucca al palo. Quando l'indomani tornò nella stalla, fu stupito nel costatare che non si era assolutamente mossa. Slegò tutte le mucche per portarle al pascolo, ma mentre stava per incamminarsi, notò che la mucca senza corda era ancora sdraiata vicino al paletto. Cercò di convincerla a raggiungere la mandria, ma l'animale non si mosse. Perplesso, il ragazzo tornò dal monaco chiedendogli cosa fare e l'uomo rispose: "Figlio mio, la mucca pensa di essere ancora legata al palo. Ieri, quando non c'era la corda, hai fatto finta di legarla. Questa mattina le hai slegate tutte tranne quella. Pensavi che fosse inutile dato che non aveva la corda, ma lei crede ancora di essere legata al palo. Ritorna nella stalla e fingi di slegarla". Il giovane seguì il consiglio, e la mucca corse a raggiungere la mandria.

Noi ci troviamo in una situazione simile: siamo noi che ci incateniamo e creiamo il muro di separazione. L'ha costruito l'ego, ma anche quest'ultimo è irreale, un'illusione che non ha una sua esistenza propria. Il potere che trae dall'*Atman* lo fa sembrare reale e lo anima. Potremmo paragonare l'ego a un'entità senza vita perché senza il Sé è inerte. Smettete di dargli importanza, imparate ad ignorarlo e allora indietreggerà e sparirà. Noi rendiamo reale l'ego che di per sé è irreale. Smascheratelo e si dissolverà.

Come la mucca della storia, la nostra ignoranza ci fa credere di essere legati mentre invece siamo completamente liberi. Dobbiamo però convincercene. Quando svanisce l'ignoranza della nostra vera natura, della nostra libertà, anche i legami si spezzano.

Amma conosce un uomo che è rimasto legato per lungo tempo. Era completamente pazzo e dovette essere ricoverato in un ospedale psichiatrico. Un giorno lo riportarono a casa, ma bisognava chiuderlo in una stanza con le mani legate dietro la schiena. Diventava infatti molto violento e aggrediva le persone. Dopo molti anni di cure, finalmente riacquistò il suo equilibrio mentale. Ancora oggi, però, tiene ancora le mani dietro la schiena, come se fossero legate. Quando ha incontrato Amma, le ha confidato che nonostante fosse trascorso molto tempo, aveva ancora la sensazione di avere le mani legate. Se qualcuno gli offre una tazza di thè o quando deve mangiare, gli è difficile usare subito le mani. Gli occorre qualche istante per rendersi conto che non le ha più legate dietro la schiena. A volte bisogna ricordargli che adesso sono libere. Le sue mani sono libere, ma ha bisogno che glielo si rammenti. Quindi non esiste alcun legame se non quello che ci siamo creati.

Allo stesso modo, finché ci sentiamo legati, abbiamo bisogno di un Maestro che ci mostri il cammino e ci dica: "Guarda che non sei assolutamente prigioniero. Tu sei l'*Atman* onnipotente, il Sé. Esci dall'illusione e librati verso i cieli della Coscienza suprema". Il Maestro finge di slegare la corda che ci lega al palo degli oggetti e dei piaceri del mondo. Quando l'illusione svanisce, diventiamo consapevoli di avere sempre dimorato in questa Coscienza e di non esserne mai allontanati.

Le indicazioni e la presenza di un *Satguru* sono la luce che illumina il cammino. La sua presenza ci aiuta a vedere il muro dell'ego, la nostra creazione. Comprendendo la natura illusoria delle catene, possiamo liberarcene facilmente. Le abbiamo fabbricate con una erronea comprensione del nostro rapporto con gli altri, con il mondo e i suoi oggetti".

L'Unità, non una relazione

Qualcuno ha fatto un'altra domanda: "Amma, intendi dire che le relazioni ci vincolano?"
La Madre ha risposto:
"Sì. Quando non si hanno una comprensione e un discernimento adeguati, le relazioni creano un legame. In verità, una relazione si instaura soltanto finché si ha la percezione che esistono due persone. Una volta realizzato il Sé, la relazione non sussiste più perché vengono a mancare i due elementi: esistono solo l'unità e un distacco assoluto.

Quando scompare il senso della dualità, scompaiono anche tutte le relazioni. Due individui, due famiglie o due nazioni possono essere in rapporto, ma quando tutto è Uno, non esistono relazioni: c'è solo l'Uno, la consapevolezza che tutto pervade. Le relazioni ci legano, mentre la perfetta Coscienza del Sé ci libera da ogni schiavitù. In una relazione, siamo come un uccellino in gabbia. Realizzare il Sé ci fa uscire dalla gabbia dell'ego e ci libera.

Il corpo e le sue varie parti, anche se apparentemente diverse, sono un tutt'uno, formano un'unità. Le mani, le gambe, gli occhi, il naso, le orecchie e tutti gli organi interni, sono parte del tutto. Sono un'unità, un corpo, e non una relazione. Allo stesso modo, i rami, le foglie, i fiori e i frutti di un albero costituiscono le diverse parti di un unico albero. Non possiamo definire ciò relazione.

Quando la prigione dell'ego che ci siamo costruiti viene distrutta, vediamo che la natura duale del mondo non è che una mera apparenza e che, in essenza, non esiste altro che il Tutto, l'Uno.

Si accorda troppa importanza al mondo esteriore ignorando quello interiore; così non facciamo che rafforzare la nostra ignoranza. Se diamo troppa enfasi alla relazione con il mondo esteriore, trascurando quello interiore, aumenteremo il divario che ci separa dal nostro vero Sé".

La Madre ha smesso di parlare e poi ha chiesto ai *brahmachari* di cantare. Hanno intonato *Sukhamenni Tirayunna*.

Sukhamenni Tirayunna

Tu che cerchi
la felicità ovunque,
come potrai trovarla
senza rinunciare alla tua vanità?
Fino a quando la Madre dell'universo,
piena di compassione,

non brillerà nel tuo cuore,
come potrai essere felice?

Una mente priva di devozione per la Shakti,
per l'Energia suprema,
è come un fiore senza profumo.

Una tale mente
sarà preda dell'infelicità
come una foglia in balìa
degli alti flutti dell'oceano.

Non lasciarti afferrare dagli artigli
dell'avvoltoio, il fato.
Adora il Sé in solitudine.
Rinuncia ai frutti delle azioni,
adora la forma del Sé universale
nel fiore del tuo cuore.

Non date la colpa alle circostanze

Quando il canto è terminato, la Madre ha ripreso il suo insegnamento:

"Gli esseri umani tendono a incolpare le situazioni che la vita presenta loro. Si lamentano costantemente delle circostanze e attribuiscono al mondo la responsabilità dei loro dispiaceri, sofferenze e paure. L'abitudine di lamentarsi e di criticare il mondo nasce dall'essere ignari della propria vera natura, del Sé o *Atman*. L'*Atman* è al di là di ogni limitazione e nulla di tutto quello che accade, positivo o negativo, lo tocca.

Un uomo stava passeggiando in un boschetto di manghi quando improvvisamente un mango marcio cadde sulla sua testa calva. Il succo del frutto avariato gli bagnò tutta la testa e colò lungo le guance. Infuriato, l'uomo si mise a imprecare contro l'albero, il frutto e l'uccello che, picchiettandolo, l'aveva fatto cadere! Infine inveì anche contro la legge di gravità! Non è assurdo un tale atteggiamento? È semplicemente ridicolo. Ma se esaminiamo questo comportamento da un livello di coscienza più alto, ci accorgiamo che noi agiamo nello stesso modo.

Riflettendo sulla storia appena raccontata, vediamo con chiarezza che non è possibile accusare le circostanze. Non è assurdo maledire la legge di gravità? Oppure l'albero o l'uccello? Come potrebbe cambiare la legge di gravità? Che sia marcio o meno, un mango non può cadere in alto, deve per forza cadere in basso perché questa è la legge della natura. Quando un frutto è maturo, si stacca da solo oppure cade con un colpo di becco di un uccello. Nessuno che possieda un briciolo d'intelligenza potrebbe trovare da ridire su tutto questo. Solo chi ha una visione scorretta delle cose potrebbe concordare con quell'uomo. Una volta colta la morale di questa storia, invece di opporci alle situazioni che si presentano, impareremo ad accettarle e scopriremo che la vita è estremamente bella.

Non biasimate le circostanze né gli altri. Superate le vostre debolezze. I fallimenti, i sentimenti feriti, le paure e i problemi che vi trovate ad affrontare sono tutti dovuti a qualche vostra mancanza: tale pecca si chiama ignoranza. Vi identificate con i vostri pensieri, che sono basati su una concezione errata della vita.

La seguente storia vi aiuterà a comprendere la natura illusoria del mondo. Dopo aver eseguito il *rajasuya yajna* (il sacrificio vedico regale), i Pandava invitarono i cugini Kaurava (Duryodhana e i suoi fratelli) a trascorrere qualche giorno nella loro reggia di Indraprastha. Un giorno gli ospiti andarono a visitare un bellissimo palazzo, costruito con molta maestria. Il pavimento di una delle sale era così lucido e pulito che dava l'impressione di essere un laghetto dalle piccole increspature scintillanti. Ingannati da questa falsa immagine, Duryodhana e i fratelli si tolsero i vestiti, desiderosi di attraversare il lago a nuoto. A questo punto, Draupadi e Bhima scoppiarono a ridere perché non c'era né il lago né l'acqua.

In un'altra sala il pavimento aveva un'apparenza del tutto normale e così cominciarono a camminarci tranquillamente. In realtà, non stavano calpestando un pavimento ma un lago e quindi, quando vi posarono i piedi, caddero con un tonfo nell'acqua, bagnandosi completamente. L'architetto era stato così abile da trarre in inganno i Kaurava.

Questa storia è una metafora del mondo: il Creatore ha così sapientemente concepito e impregnato di bellezza il mondo che, se non prestiamo attenzione, possiamo facilmente cadere preda dell'illusione. Compiamo quindi ogni passo con vigilanza.

Alcuni posti, situazioni ed esperienze potrebbero sembrare del tutto normali, incantevoli e senza rischi. Esaminateli però attentamente, siate prudenti perché possono apparire come tali solo in superficie. La loro bellezza e incanto potrebbero essere una stupenda maschera che nasconde un grande pericolo.

Per contro, un luogo, una situazione o un fatto potrebbero sembrare pericolosi e quindi cominciate a opporvi e a difendervi con tutti voi stessi e prendete ogni sorta di precauzione. Ma chi può dirlo? La situazione potrebbe poi rivelarsi del tutto normale o perfino costruttiva. Sono cose che possono capitare nella vita. Ci lasciamo accalappiare e ingannare un'infinità di volte, eppure continuiamo a non imparare la lezione. Anche dopo innumerevoli delusioni, la gente continua a rincorrere ogni genere di cose, tale è il potere straordinario di *maya*.

Il problema non è il mondo. Il problema è dentro di noi. Siate quindi vigilanti e vedrete le cose con molta più chiarezza. Essere vigili vi permette di non cadere nell'illusione e vi dona una visione penetrante, una mente acuta, e vi avvicina alla vostra vera natura, alla beatitudine dell'*Atman*.

La nostra vera natura è la felicità e non il dolore, ma è accaduto qualcosa e tutto è come se fosse stato stravolto. La gioia è diventata uno stato d'animo piuttosto "singolare" e la sofferenza una condizione normale.

C'è un vecchio musicista che viene spesso all'ashram ed è un uomo molto contento, che ride e scherza volentieri e parla liberamente con le persone. È sempre di buon umore. Vedendolo così felice, alcuni pensano che gli manchi qualche rotella. Amma lo conosce bene e sa che è perfettamente normale ed è una persona di buon cuore. Ma agli altri la sua gioia appare strana e suscita sospetto: vogliono conoscerne la causa, come se la felicità non fosse uno stato naturale. Solo la gente triste è considerata nella norma. Ecco perché Amma dice che tutto è sottosopra. Che peccato! La gente che per natura è contenta e serena, finisce col credere che la felicità sia anormale e che il solo stato naturale sia composto dal dolore e dalla sofferenza".

Mentre il darshan stava per finire, i *brahmachari* hanno cantato *Asa Nasi Katora*.

Asa Nasi Katora

O mente,
sei un porto d'infiniti desideri
su cui le onde s'infrangono costantemente.
Attenta a non farti travolgere
dal profondo oceano del dolore.
Esegui l'arati di fronte all'Atman
e fissa la tua attenzione sul Sé.

Fai attenzione:
continuando così
finirai per affondare,

*senza nessun autentico sostegno
e con il cuore pieno di rimorsi.*

*Se aspiri alla Beatitudine eterna,
se aneli alla Liberazione,
allora medita,
o mente, medita sulla tua sorgente.*

*Medita sull'oceano interiore di beatitudine,
rimuovi le tue qualità negative
e segui gli insegnamenti dei testi sacri.*

Capitolo 10

Un tocco che guarisce

Un giovane uomo era seduto sulla veranda del vecchio tempio e teneva la testa fra le ginocchia. Mentre stava passando di lì, la Madre lo vide e gli si avvicinò. Il ragazzo, immerso nei suoi pensieri, non si accorse della sua presenza. Con affetto, Amma gli batté la spalla e gli disse: "Figlio". L'uomo alzò gli occhi e rimase stupito nel vedere la Madre di fronte a lui. Dal suo sguardo traspariva una profonda sofferenza. La Madre gli sorrise, gli strofinò dolcemente il petto ed esclamò: "Collera... la collera è un veleno. Dovresti controllarla". Queste parole lo scossero profondamente. Si nascose il viso tra le mani e cominciò a piangere. La Madre lo guardò con traboccante affetto, gli mise gentilmente la testa sulla sua spalla e lo accarezzò dicendo: "Figlio, non preoccuparti! Ogni cosa si sistemerà. Amma si prenderà cura di tutto".

L'uomo aveva un bruttissimo carattere, e quel giorno si era scontrato duramente con la moglie a tal punto che i suoi genitori erano intervenuti difendendo la donna che era spesso vittima innocente dei suoi attacchi. Questo intervento non aveva fatto altro che aumentare la sua collera: aveva iniziato a inveire contro di loro fino a mancargli di rispetto. Non si trattava di un incidente isolato. Queste scenate capitavano di frequente nella sua casa perché il giovane non riusciva a controllare l'ira. In seguito, si pentiva di ciò che aveva fatto e chiedeva scusa alla moglie e ai genitori. Questi scoppi di collera si ripetevano regolarmente e non sapeva come gestirli. Quel giorno i vicini, che erano devoti della Madre, gli suggerirono di andare da lei. Ecco come arrivò da Amma. Adesso è completamente cambiato. Colui che terrorizzava la famiglia con i suoi incontrollabili accessi d'ira è ora un marito, un figlio e un padre amorevole e sollecito. Almeno una volta la settimana tutta la famiglia si reca da Amma per ricevere le sue benedizioni.

Così ha raccontato l'uomo: "Quando la Madre mi ha toccato il petto, ho avuto la sensazione che svanisse un grande peso dal cuore. Quel tocco ha distrutto in me il veleno della rabbia. Prima di andare da Amma, la mia vita famigliare era un incubo. Ora, per merito della grazia della Madre, la mia casa è un luogo di pace e di felicità. Adesso tutta la mia famiglia è devota di Amma".

Innumerevoli episodi simili a questo sono avvenuti attorno alla Madre. Milioni di vite sono state trasformate dalla sua grazia.

Benché Amma sappia magistralmente trasformare e guarire i cuori, rimane sempre un meraviglioso esempio di estrema umiltà e di perfetta semplicità.

Come vincere la paura

Erano circa le quattro del pomeriggio e tutti erano seduti di fronte al vecchio tempio. Un giovane avvocato ha posto questa domanda: "Amma, sembra che la paura sia accettata come una componente dell'esistenza umana. Le persone hanno innumerevoli paure: del loro lavoro, degli altri, della società. Temono anche per la sicurezza della loro famiglia. L'uomo ha creato intorno a sé un mondo di paura. Da dove origina e come possiamo superare questi timori che erodono la bellezza della vita?"

La Madre ha risposto:
"Dobbiamo risalire all'ignoranza. Ignorare la nostra vera esistenza in Dio, o *Atman*, genera ogni tipo di paure. Una persona dovrebbe vivere la sua vita esteriore, le azioni necessarie a preservare la salute fisica, in accordo con la sua vita interiore. Dovrebbe esserci un perfetto equilibrio tra questi due aspetti. Se l'uomo privilegia il corpo, come sta facendo oggigiorno, e trascura

l'anima, sarà assalito dall'ansia e dall'inquietudine e si aggrapperà tenacemente a false sicurezze.

Un grande Maestro era venerato da centinaia di migliaia di persone di tutto il mondo. La gente ammirava la sua purezza, la sua innocenza e la sua profonda saggezza. Aveva trasformato molte vite con la bellezza dei suoi insegnamenti e con l'amore e la compassione che esprimeva. Spinti dalla curiosità, i suoi discepoli gli chiedevano spesso di rivelare la sorgente della sua conoscenza e della sua purezza, ma lui rispondeva laconico: 'Tutto è contenuto nel libro che erediterete quando lascerò questo corpo'.

Un giorno il Maestro morì. Dopo poco, i discepoli cercarono il libro di cui aveva parlato e lo trovarono. Ma non conteneva che una pagina sulla quale c'era scritto: 'Miei cari, imparate la differenza fra il contenitore e il contenuto e la vera conoscenza affiorerà in voi, disperdendo tutte le paure e l'oscurità'.

Figli, il segreto sta nel sapere che il corpo è il contenitore e che il contenuto, l'anima, è differente dal contenitore. Il latte è diverso dal recipiente nel quale è contenuto. Il recipiente non è il latte e il latte non è il recipiente. La conoscenza del Sé elimina i timori superflui che bloccano la vostra vita.

In quanto esseri umani desideriamo avere cibo, vestiti e un riparo. È comprensibile, perché essi sono i tre bisogni fondamentali del corpo e noi teniamo al nostro benessere fisico. Ma cos'è questo corpo? Da dove viene? Qual è il potere che lo anima e che ce lo fa amare così tanto? Poche persone si soffermano a riflettere su queste domande. La gente crede che il corpo sia tutto e che non ci sia nulla al di là dell'esistenza fisica; è un atteggiamento che non fa che consolidare l'attaccamento al corpo e la preoccupazione per la sua sicurezza.

Questo attaccamento fa sorgere la paura per tutto ciò che accade nella vita. Crescendo, cresce anche l'ego, e allo stesso tempo aumenta anche la paura, che va di pari passo con l'attaccamento all'ego perché siete convinti che il vostro corpo sia il bene più prezioso e volete proteggerlo da ogni possibile pericolo. Credete che la sicurezza fisica sia l'unica sicurezza possibile nella vita. Non capite che l'esistenza fisica è legata all'anima.

È importante comprendere correttamente la natura del corpo e quella dell'anima. Il corpo è soggetto a continui cambiamenti, mentre l'anima è immutabile. Senza il sostrato immutabile dell'anima, il corpo mutevole non potrebbe esistere. Il corpo si trasforma e perisce, ma l'anima è eterna, inalterabile e indistruttibile. L'anima è ciò che dà forza alla vita, è la radice che nutre l'albero del corpo.

Il problema è che diamo eccessiva importanza al fisico, al manifesto, trascurando completamente il Sé immanifesto, la sorgente della nostra esistenza. Potremmo ribattere dicendo: 'Io vedo solo il corpo, non l'anima, di conseguenza gli do tanta importanza. Come potrei credere in un'anima che è invisibile?' Questo modo di ragionare equivarrebbe a dire: 'Io non vedo che l'albero. Come potrei credere nell'esistenza delle radici invisibili ad occhio nudo?' Chiunque possieda un briciolo d'intelligenza si astiene da fare una simile affermazione.

Immaginate di stare contemplando la vasta distesa dell'oceano: incantati da questo spettacolo, pensate: 'Che meraviglia questo oceano sconfinato! Non è possibile sondarne l'estensione e la profondità, concepire quanto sia vasto e profondo!' Però voi state vedendo solo la superficie, non il mondo sottomarino né i fondali. Non sarebbe poco saggio affermare che il mondo sottomarino e i fondali dell'oceano non esistono perché non sono visibili? L'esistenza della superficie è sufficiente ad avvalorare l'esistenza del fondo. Senza il sostrato che lo sostiene e che esiste anche se non ci fosse l'acqua, non ci sarebbe l'oceano.

Per vedere e scoprire il mondo sottomarino e il fondo del mare bisogna penetrare oltre la superficie e immergersi profondamente.

Allo stesso modo, per realizzare l'anima si deve trascendere il corpo e andare nelle profondità del proprio Sé.

Proprio come siamo colti dallo stupore quando contempliamo l'infinita distesa dell'oceano, così, se potessimo provare lo stesso senso di sacro timore e di meraviglia contemplando la natura e i suoi infiniti aspetti, non dubiteremmo mai dell'esistenza di una forza insita nella vita, sostrato di tutto il creato.

La paura dell'essere umano è dovuta alla sua ignoranza, al non conoscere la propria anima, la forza vitale e il sostrato dell'universo. L'uomo crede che sia sufficiente provvedere alla sua esistenza materiale e che la vita sia limitata al corpo. Nulla più. Questa è la sua concezione della vita, o meglio, tutta la sua vita è costruita attorno a questo malinteso. Una volta che l'intera attenzione è orientata verso il corpo e verso l'ego, il passo successivo sarà occuparsi della loro sicurezza: ecco quindi che l'uomo costruisce attorno a sé una fortezza formata da false sicurezze. Si aggrappa alla casa perché è una forma di sicurezza, come lo sono il lavoro e gli affari, la posizione sociale, la famiglia, i beni, ecc. Pensa che la vita consista nell'appigliarsi alle "sicurezze" esterne, senza le quali non sarebbe possibile vivere. Potremmo riassumere la sua intera esistenza in due parole: "corpo" e "attaccamenti". Ma non possiamo biasimarlo per questo suo comportamento perché è convinto che "esistenza" significhi "esistenza del corpo", e che per il suo benessere fisico abbia bisogno di tutte queste false sicurezze. Poveretto, ha completamente dimenticato la vita interiore!

È dall'interno che si sviluppa la vera vita. In realtà, vivere significa lasciare che l'anima si esprima attraverso i nostri pensieri, le nostre parole e le nostre azioni. Una persona è libera dalla paura quando ha compreso la natura imperitura dell'anima.

Tuttavia, nello stadio in cui si trova ora, l'essere umano conosce solo questo corpo perituro: è una situazione che lo spaventa e lo sospinge verso la morte, la sua più grande paura.

La morte si prenderà tutto ciò che possiede e che rivendica come suo. Per un essere umano, la morte è la minaccia più grande. Nessuno vuole morire. Il solo accenno suscita immenso timore, ma la morte è un'esperienza come le altre".

Quando la Madre parla, le sue parole dispiegano le ali come se dovessero librarsi in aria, elevando chi ascolta. Le parole e le espressioni usate da Amma non sembrano mai provenire da una persona, da un individuo. Si ha l'impressione che la loro eco scaturisca da una grotta profonda, da una sorgente antica e sconosciuta. Le parole della Madre agiscono come un veicolo che ci guida verso le profondità del mondo spirituale.

La Madre ha cominciato a cantare *Marikkatta Manushyarundo*.

Marikkatta Manushyarundo

C'è qualcuno che può sfuggire alla morte?
I desideri avranno mai fine?
Nasciamo su questa Terra
dove il dolore ci brucia,
e poi moriamo per nascere di nuovo.

Anche se l'uomo impara a scherzarci sopra,
quale valore avrà acquisito se poi teme la morte?

Sebbene nasca come uomo,
qual è la gloria dell'essere umano
se il timore della morte non l'abbandona?

Ogni cosa accade secondo il destino.
Ma chi ha creato il destino?
Questo mondo non potrà mai darci la felicità.
Quando avremo compreso questa verità,
rinunceremo a tutto.

Capitolo 11

La Madre onnisciente

Era circa mezzanotte. La Madre stava passeggiando nel boschetto di palme da cocco di fronte all'ashram. Ogni tanto si fermava e guardava verso est, come se stesse aspettando qualcuno. Gayatri e i *brahmachari* più anziani le suggerirono più volte di andare a dormire, ma lei rifiutò cortesemente e rimase lì. Qualche minuto dopo la mezzanotte, una famiglia numerosa arrivò all'ashram e quando videro la Madre in piedi furono colmi di gioia. Lei li chiamò, e dopo aver espresso il suo amore e affetto per loro nel suo incomparabile modo di fare materno, iniziò a conversare con loro. I residenti dell'ashram compresero allora perché era rimasta nel boschetto e aveva rifiutato di tornare in camera.

Questa famiglia era partita da Quilon alle otto di sera, sperando di arrivare all'ashram e incontrare la Madre per le nove, ma la loro macchina era rimasta in panne lungo la strada. Avevano dovuto cercare un meccanico e aspettare che riparasse la vettura e così avevano fatto tardi. Avevano pensato quindi di tornare a Quilon e fare visita alla Madre un altro giorno.

Il loro bambino di cinque anni però era molto dispiaciuto per questo cambiamento di programma e continuava a dire che voleva incontrare Amma quella sera. Insisteva talmente che, alla fine, la famiglia aveva finito per cedere e aveva proseguito il viaggio sino all'ashram. Desideravano solo trascorrere qualche minuto respirando l'atmosfera dell'ashram e poi sarebbero tornati a Quilon. Non avrebbero mai pensato di poter incontrare Amma a un'ora così tarda, ma con loro grande sorpresa, quando arrivarono videro che la Madre era all'ingresso dell'ashram, come se li stesse aspettando.

La famiglia aveva avuto dei problemi seri. Il solo fatto d'incontrare Amma aveva alleggerito di molto il peso che portavano nel cuore. Amma, l'incarnazione della compassione, si intrattenne con loro per più di due ore.

Alle quattro e mezza del mattino la Madre si era già lavata e stava nuovamente camminando fuori. Sembrava fresca e radiosa. Uno dei *brahmachari* le si avvicinò e con tono supplichevole esclamò: "Amma, perché non ti riposi un po'? Oggi è giorno di *Devi Bhava* e quindi non potrai riposare neppure stanotte".

"Figlio", rispose la Madre, "non bisogna dormire durante l'*archana*. Sarebbe di cattivo esempio. Durante la recitazioni dei Nomi della Madre Divina, tutto l'ashram deve essere sveglio e vibrare dell'energia spirituale creata dalla preghiera. In quel momento, non ci dovrebbe essere nessuna energia *tamasica*".

Il *brahmachari* disse: "Ma Amma, tu sei al di là di tutto. Tu sei la Devi. Sei completamente distaccata e nulla ti può toccare".

La Madre rispose: "Figlio, se Amma non fosse in piedi a quell'ora, anche voi non lo sareste. Questo comportamento potrebbe causare problemi di disciplina e ognuno potrebbe cominciare a fare ciò che gli piace nell'ashram. Nessuno vorrebbe seguire le regole se Amma non praticasse ciò che insegna".

"Ma, Amma, se il tuo corpo non riposa, la tua salute non ne risentirà?" chiese il *brahmachari*. "Stai sacrificando ogni cosa per il bene degli altri. Amma, cosa possiamo fare noi, tuoi figli, per te?"

Mentre parlava, il *brahmachari* stava quasi per mettersi a piangere.

La Madre gli accarezzò affettuosamente la schiena e poi esclamò: "Non preoccuparti per Amma". Indicando con il dito il suo corpo, disse: "Questo si prenderà cura di se stesso. Amma non è venuta al mondo per proteggere il suo corpo. Ad Amma non importa cosa succede al corpo e lascia che segua il suo corso. Amma vuole sacrificare tutto per il progresso dei suoi figli e per il bene del mondo. Dovresti seguire scrupolosamente la tua routine quotidiana e cercare di liberarti dalla morsa dell'ego. Questo è sufficiente. Figlio, è Amma che decide tutto ciò che riguarda questo corpo e la sua esistenza nel mondo. C'è una missione da svolgere. Solo quando sarà terminata, questo corpo se ne andrà".

La Madre pronunciò le ultime tre frasi come se stesse parlando da un altro mondo. Per un momento il *brahmachari* rimase lì, a contemplare questo indescrivibile fenomeno che è la Madre. Poi si diresse verso la sala di meditazione perché l'*archana* del mattino stava per iniziare.

Capitolo 12

La morte non è che un cambiamento

La Madre era seduta assieme ad alcuni *brahmachari* in riva alla laguna, illuminata dal chiarore della luna. La luna e le stelle sembravano gioielli sparsi sulla volta del cielo blu scuro.

Un *brahmachari* fece questa domanda ad Amma: "Amma, qual è la causa della sofferenza e della paura della morte?"

La Madre rispose:

"È il pensiero che la morte distruggerà i vostri beni e attaccamenti, tutto ciò cui vi aggrappate, che causa sofferenza. È l'aggrapparsi che produce dolore. Se soltanto riusciste ad abbandonare ogni attaccamento, la sofferenza si trasformerebbe in un'esperienza di beatitudine. La morte vi toglie tutto quello che pensate sia vostro: tutto quello che vi è caro e a cui tenete, la vostra famiglia, l'amore e le risate dei vostri cari, questo mondo splendido con tutti i suoi tesori; tutto verrà dissolto e scomparirà. Il solo pensarci scuote il vostro intero essere. Volete dimenticarvi della morte perché temete di cadere nell'oblio e di non esistere più. Il vostro entusiasmo si spegne, cadete nel panico e preferite pensare ad altro".

Una persona chiese: "Amma, ti ho sentito dire che la morte è un'esperienza come un'altra. Cosa intendi dire?"

La Madre rispose:

"La nascita e la morte sono due esperienze inevitabili. Quando trascendete la morte, trascendete anche la nascita. Chi vede la nascita e la morte come fenomeni del tutto naturali è in grado di condurre una vita felice e piena di beatitudine. Una tale persona considererà la vita intera con tutte le sue esperienze, positive e negative, come un gioco. Non si lamenterà mai di nulla e non troverà difetti in nessuna cosa o in nessuna circostanza. Anche davanti alle situazioni più difficili manterrà sempre il suo sorriso. Le parole e le azioni degli altri, persino le più terribili, non potranno né ferirlo né farlo andare in collera. Essendo stabilite in uno stato di rilassamento e di quiete, tali persone godono della vita con lo stupore e l'innocenza del bambino.

Proprio come altri momenti gioiosi dell'esistenza, anche la morte può essere un'esperienza gioiosa. Di solito la gente si rallegra quando nasce un bimbo e piange quando muore qualcuno. La nascita e la morte sono due normali fasi di transizione. Ma per capire bene cosa significhi questo, bisogna trascendere l'ego e realizzare il Sé.

La nascita rappresenta un momento di transizione. Quando un bambino viene al mondo, hanno luogo una serie di cambiamenti: il neonato cresce e passa attraverso varie fasi o passaggi della vita. Queste trasformazioni avvengono anche a livello fisico: il corpo di un bambino cresce e diventa man mano quello di un adolescente, di un giovane, di un adulto maturo e infine di un anziano. Anche morire è una trasformazione che rientra nella natura delle cose, non è un fatto anomalo. Dovreste imparare a vedere la morte come un normale cambiamento, come quelli che interessano il corpo. La nascita non è l'inizio della vita e la morte non ne segna la fine. L'inizio e la fine sono solo relativi.

Quando un bambino nasce, crediamo che inizi una nuova vita. Ma la vita, di per sé, non ha né prima né dopo, non è né nuova né vecchia: non è mai cominciata e non finirà mai. "Vita" è un altro nome di Dio. Quando è condizionata dal corpo, è chiamata *jivatman*, e quando la stessa vita è libera da ogni condizionamento *Paramatman*. La vita è dunque un altro appellativo per l'*Atman* o *Brahman*. La vita non ha principio né fine.

Perciò una nuova nascita non è l'inizio dell'esistenza. Potreste chiamarla una nuova partenza o un'altra opportunità per proseguire il viaggio verso la reale Sorgente dell'esistenza. La nascita è il ritorno dello stesso contenuto in un pacchetto diverso. La morte non è la completa annichilazione, ma una pausa. Potremmo paragonarla al premere il tasto della pausa su di un registratore nel bel mezzo di una canzone; prima o poi, quando si preme ancora il tasto della pausa, la canzone continua. La morte non è che un periodo di preparazione prima di cominciare un'altra vita. Si disfa il pacchetto per avvolgerlo in un altro, ma il contenuto è lo stesso.

La vita e la morte sono due tra gli eventi più importanti della vita, due esperienze molto forti. Quando realizzate che la nascita e la morte non sono né l'inizio né la fine, la vita diventa infinitamente bella e gioiosa.

Le esperienze si succedono, ma lo Sperimentatore interiore, il Sé, Dio o la Vita, non muta. Questa è la Verità che dobbiamo comprendere. Lo Sperimentatore, ovvero il sostrato di tutte le esperienze, comprese la nascita e la morte, è imperituro e inalterabile, ed è il Soggetto che vi guida attraverso tutte le esperienze. Questa è la verità che né il tempo né lo spazio possono modificare.

La nascita e la morte sono relativamente reali. Dal punto di vista dell'assoluto, non lo sono. Come tutte le esperienze della vita, sono due eventi che la persona è costretta ad attraversare, ma soprattutto sono le esperienze più intense che dobbiamo vivere. A causa della loro intensità, la natura ha ideato un modo che permette agli uomini di dimenticare questi due momenti essenziali della sua vita. Sono talmente forti che è difficile per una persona comune essere cosciente della propria nascita e della propria morte. Durante queste due fasi siamo del tutto impotenti. Mentre è nel grembo della madre e anche nel momento in cui viene al mondo, il bimbo è completamente impotente. Una persona che sta per morire vive la stessa esperienza. Queste due esperienze fanno talmente indietreggiare l'ego che perde ogni potere. Figli, voi non siete consapevoli di cosa vi succede durante o dopo la morte. Per aprirvi a questa esperienza, dovete essere senza paura e pienamente coscienti. Se avete paura, vi chiuderete davanti ad essa. Per vivere coscientemente la beatitudine della morte, bisogna avere svolto un profondo lavoro interiore, avere vinto la paura ed essere in grado di vivere ogni istante in piena consapevolezza, in uno stato di assoluto risveglio.

Immaginate di avere un forte mal di pancia. Siete quindi consapevoli di provare dolore e siete più sensibili alla temperatura calda o fredda dell'acqua. Il dolore che avvertite alla morte del padre o la gioia che provate alla nascita di un bambino sono sperimentati direttamente dalla mente; anche il vostro intelletto reagisce immediatamente agli elogi e agli insulti. La nascita e la morte sono due eventi che la mente non può sperimentare in modo diretto, ecco perché non sono considerate esperienze ordinarie.

Naturalmente, se siete capaci di rimanere coscienti e vigili al momento della morte, essa diviene un'esperienza come le altre. Allora la nascita e la morte non sono più problematiche e le vivete sorridendo. La morte non costituisce più un'esperienza strana. Tutto questo è possibile solo se siete uno con il vostro vero Sé".

Qualcuno chiese: "Amma, perché non possiamo avere un'esperienza diretta della nascita e della morte?"

La Madre rispose:

"Perché manca la consapevolezza. Il nostro grado di consapevolezza è molto basso. Anche se respiriamo o ci muoviamo, viviamo quasi del tutto inconsapevolmente, a causa degli irragionevoli attaccamenti che ci legano al mondo e che sono dovuti a una comprensione errata delle cose.

Quando abbandoniamo tutti questi attaccamenti, la morte diventa un'esperienza piena di beatitudine. Prendendo coscienza che non siete il corpo ma la Coscienza suprema, il centro della vostra esistenza diventerà il Sé. Vi risveglierete e capirete che stavate dormendo e che questo mondo di sogno e tutte le esperienze che vi accadono non sono che un gioco. Riderete guardando questo meraviglioso gioco della coscienza. Riderete davanti alla tavolozza dei colori, proprio come un bambino che, guardando i colori dell'arcobaleno, ride e ammira felice questo spettacolo con occhi pieni di meraviglia. Riderete di gioia e continuerete a ridere perfino di fronte alla morte, perché la morte non è che un diverso gioco di colori, un'altra tonalità dell'arcobaleno della vita.

Quando giungete a questo stato, tutte le esperienze come la felicità e il dolore, gli insulti e le lodi, il caldo e il freddo, la nascita e la morte vi passano attraverso. Voi rimanete lo Sperimentatore che è al di là di tutto, il sostrato di ogni esperienza, Colui che osserva ogni cosa come un bambino giocoso.

Figli, imparate a compiere ogni azione con consapevolezza. Neppure un respiro dovrebbe sfuggire alla vostra attenzione. Siate coscienti di ogni vostro movimento. Coltivando questa abitudine, a poco a poco diventerete pienamente coscienti, anche della morte.

Per conseguire lo stato di completa unione con il Supremo bisogna perdere se stessi. Ed è proprio questa la nostra paura più grande: perdere se stessi. Perdersi sarebbe infatti una forma di morte, e chi desidera morire? Tutti vogliono vivere. Ma per vivere pienamente, dobbiamo imparare ad amare la vita nella sua vera essenza e ad abbandonare tutto il resto. Imparate ad abbracciare la vita e abbandonate ogni vostro attaccamento. Lasciate andare ogni appiglio, rimpianto, paura e inquietudine. Tuttavia questo lasciar andare non è assolutamente una perdita; al contrario, è il più grande guadagno. L'intero universo verrà da voi e diverrete Dio".

Capitolo 13

Dare la vista interiore a un cieco

Un giovane uomo, cieco fin dalla nascita, era ospite dell'ashram. Dal suo arrivo i *brahmachari* si erano occupati di lui, avendo cura di tutti i suoi bisogni. Gli servivano il cibo e lo assistevano anche quando doveva andare in bagno.

Stamani si sono presentati più visitatori del previsto per ricevere il darshan della Madre. Per questo motivo, il riso e il curry che avevano preparato per il pranzo è finito molto presto, prima che tutti potessero mangiare. Così si è dovuto cuocere nuovamente il riso e le verdure. I *brahmachari* erano talmente impegnati che si sono dimenticati di andare a prendere il giovane cieco e di portarlo a pranzo. Quando se ne sono accorti, uno di loro è corso subito verso la sua stanza, ma l'uomo stava già scendendo i gradini aiutato da un devoto. Il *brahmachari* si è scusato, gli ha spiegato cos'era successo e poi ha detto: "Per piacere, perdonami. Ero così occupato a servire il pasto che mi sono dimenticato di venire a prenderti".

Ma queste parole non hanno consolato il cieco, che si sentiva ferito e infelice. "Ho dei soldi con me" ha risposto. "Pagando, posso comunque procurarmi del cibo fuori dall'ashram". Dopodiché è rientrato nella sua camera con l'aiuto del devoto.

Il *brahmachari* non ha fatto molto caso all'umore dell'uomo, pensando che era la fame ad averlo spinto a reagire così. È tornato dopo poco con dei frutti che ha deposto di fronte al giovane cieco e gli ha detto: "Il pranzo sarà pronto tra pochi minuti. Ti porterò il pasto. Nel frattempo, mangia questi frutti". Ma l'uomo era ancora stizzito e ha rifiutato la frutta bruscamente.

In qualche modo la Madre è venuta a sapere dell'accaduto e dopo pochi istanti è entrata nella stanza del cieco. Guardando severamente il *brahmachari*, ha detto: "Dov'è dunque il tuo *shraddha*? Perché non gli hai servito puntualmente il pranzo? Non sai che questo figlio è cieco e non può scendere da solo? Se pensavi che avrebbe richiesto troppo tempo andare a prenderlo, avresti dovuto portarglielo in stanza. Se non senti compassione verso quelli che hanno bisogno d'aiuto, come questo figlio, a cosa servono le tue pratiche spirituali?

Figli, non perdete neppure un'occasione per servire gli altri. Nessuno dovrebbe aspettare pazientemente di essere aiutato in base ai nostri comodi. Negli uffici e al lavoro, le persone rispettano gli orari. Ricevono uno stipendio per le attività svolte, ecco perché lavorano. Ma l'intera vita dei *sadhak* (aspiranti spirituali) è al servizio degli altri. La ricompensa che ricevete non è sotto forma di un salario mensile, ma sotto forma di purezza della mente e grazia di Dio. Poiché questa retribuzione non è immediata, non dovreste pensare che il vostro lavoro è meno importante o che può essere svolto con un leggero ritardo. Approfittate al massimo di ogni opportunità di servire ed eseguite il vostro compito con immenso amore e zelo. Solo allora esso diventa vera adorazione. Servire realmente significa aiutare i bisognosi, cercando di capire i loro bisogni e i loro sentimenti".

La Madre ha accarezzato la schiena dell'uomo cieco e gli ha chiesto: "Figlio, ti sei sentito triste? I *brahmachari* erano molto occupati nel refettorio ed è per questo che non hanno potuto venirti a prendere in orario. Inoltre, il *brahmachari* che normalmente ti aiuta non è qui oggi e ha dato questo incarico a colui che serve il cibo nel refettorio. Non pensare che l'abbia dimenticato di proposito. Figlio, devi imparare a essere più elastico e ad adattarti alle circostanze ovunque tu sia. In un ashram è necessaria la pazienza.

Mentre stai qui, dovresti essere pronto a fare un piccolo sacrificio di tanto in tanto. In questo modo riceverai la grazia di Dio. Figlio, la tua cecità non è veramente un problema. Ricorda che sei più vicino a Dio, al tuo vero Sé, di molte altre persone vedenti. È vero che non puoi vedere il mondo, ma se possiedi la giusta comprensione e *shraddha* puoi percepire Dio molto più di chi è dotato della vista esteriore. Una persona vedente si allontana da Dio, dalla sua vera natura o *Atman*, poiché è troppo occupata a rincorrere i vari oggetti. Non pensare dunque di essere sfortunato. Impara ad adattarti alla vita, sii più tollerante e più paziente. In questo modo percepirai maggiormente la presenza di Dio, all'interno e all'esterno. Figlio, milioni di persone soffrono e sono disperate pur avendo gli occhi con i quali vedere il mondo. Ma c'è anche chi è felice e contento, perfino se non può vedere. Surdas, il grande devoto del Signore Krishna, era cieco, ma visse felicemente perché era abbastanza saggio per capire il principio essenziale della vita. Attraverso il suo amore e la sua devozione al Signore, sviluppò una vista interiore e conobbe una perfetta beatitudine anche se non possedeva quella esteriore".

Il giovane uomo piangeva mentre ascoltava le parole della Madre. Singhiozzava come un bambino. Anche il *brahmachari* e altri devoti presenti non riuscivano a controllare le lacrime, tale era la potenza dell'amore che traspariva dalle parole di Amma.

Accarezzando affettuosamente la schiena del giovane ed asciugandogli le lacrime con le sue mani, la Madre gli ha chiesto: "Figlio, hai mangiato qualcosa?" Scuotendo la testa, egli ha risposto con profonda commozione: "La tua presenza e le tue parole mi hanno saziato. Non ho più fame. Le tue parole di ambrosia hanno riempito di gioia il mio cuore".

La Madre ha detto al *brahmachari* di andare a prendere un pasto. Quando è tornato con un piatto di riso e curry, la Madre ha fatto sedere il cieco vicino a lei e ha iniziato a nutrirlo con le sue mani. Amma gli ha messo in bocca alcune palline di riso, proprio come fa una madre con il suo bambino, aspettando pazientemente che abbia deglutito il cibo. In questo modo, gli ha fatto finire il pasto. Chi assisteva alla scena era profondamente toccato nel percepire l'amore divino che fluiva dalla Madre. Dolcemente, tutti si sono messi a cantare *Kannilengillum*.

Kannilegillum

Oggi ho visto il mio Krishna adorato,
l'amato di Radha,
non con questi occhi,
ma con l'occhio interiore.

Ho visto il Ladro della mente,
pura Bellezza,
il Musicista divino.
Ho visto il Signore dell'Unità.

Era blu come l'oceano?
I Suoi riccioli erano adorni
di una piuma di pavone?
Non posso dirlo,
ma so che attraverso il suono del Suo flauto
ho visto la Sua forma leggiadra.

Glossario

Arati: rito vespertino in cui viene fatta ondeggiare davanti a una forma del Divino una fiamma di canfora ardente al suono di una campanella, a simboleggiare l'offerta completa dell'ego a Dio. Come la canfora, anche l'ego brucia senza lasciare traccia.

Archana: Recitazione dei 108 nomi o dei 1000 nomi del Divino.

Arjuna: il terzo dei cinque fratelli Pandava; valente arciere ed uno degli eroi del Mahabharata. Era cugino e grande amico del Signore Krishna che gli trasmise gli insegnamenti racchiusi nella Bhagavad Gita.

Atman: il vero Sé. Uno dei princìpi fondamentali del Sanatana Dharma (induismo) afferma che non siamo il corpo, né la mente, né l'intelletto e neppure la personalità. Noi siamo l'eterno, il puro e immacolato Sé.

Aum: Sillaba sacra. Il suono o vibrazione primordiale che rappresenta Brahman, da cui è scaturito l'universo. Aum è il mantra originario e si trova spesso all'inizio di altri mantra.

Bhajan: canto devozionale; inno.

Bhava samadhi: completo assorbimento in Dio attraverso la devozione.

Brahma: l'aspetto di Dio associato con la creazione dell'universo.

Brahmachari/brahmacharini: colui o colei che segue una disciplina spirituale sotto il controllo del Guru, pratica il controllo dei sensi e ha rinunciato ad avere una famiglia.

Brahman: la Realtà assoluta, il Tutto. L'Essere Supremo che è al di là di tutti i nomi e di tutte le forme, che avvolge e pervade ogni cosa; l'Uno indivisibile.

Darshan: essere alla presenza di una divinità o di un santo. Visione di una divinità.

Devi: la Signora, la Madre dell'universo.

Devi Mahatmyam: antico testo sanscrito che canta le lodi alla Madre Divina.

Dharma: "ciò che sostiene l'universo". Il termine ha diversi significati: legge divina, la legge dell'esistenza in accordo con l'armonia divina; rettitudine, religione, compito, dovere, giustizia, virtù e verità. Il dharma rappresenta i principi intrinseci di una religione. Il dharma dell'essere umano è realizzare la sua natura divina.

Gopa: pastorelli e compagni di giochi del giovane Krishna.

Gopi: pastorelle, ardenti devote di Krishna.

Gurukula: ashram in cui gli studenti ricevono una conoscenza spirituale e accademica attraverso lo studio e il servizio al Guru.

Jivatman: anima individuale.

Kali: un aspetto della Madre Divina. Dal punto di vista dell'ego, la Sua immagine potrebbe sembrare spaventosa, perché Kali lo distrugge; ma questo atto nasce dalla Sua infinita compassione. Un devoto sa che dietro questa feroce facciata si cela una Madre amorevole, che protegge i Suoi figli e conferisce la grazia della Liberazione.

Kamsa: lo zio malvagio ucciso da Krishna.

Kanna: uno dei nomi del giovane Krishna. Letteralmente: "dagli occhi incantevoli". Krishna viene a volte adorato come il bambino divino.

Kesava: uno dei nomi di Krishna. Letteralmente: "dai lunghi e magnifici capelli".

Kirtan: inno.

Krishna: la principale incarnazione del Signore Vishnu. Nato in una famiglia reale, venne tuttavia allevato dai genitori adottivi e visse come giovane pastore a Vrindavan, dove fu amato e adorato dai suoi amici devoti, i gopa e le gopi. Fu cugino e consigliere dei Pandava, soprattutto di Arjuna, al quale espose i Suoi insegnamenti raccolti nella Bhagavad Gita.

Lila: "gioco". I movimenti e le attività del Divino per natura liberi e non soggetti ad alcuna legge.

Madhava: uno dei nomi di Krishna. Letteralmente: "discendente della stirpe di Madhava o di Yadu".

Madhu: uno dei nomi di Krishna. Letteralmente: "dolce come il miele".

Mahabharata: epopea dell'antica India, composta dal saggio Vyasa, che narra la sanguinosa guerra tra due famiglie cugine: i giusti Pandava e i malvagi Kaurava; entrambi erano anche cugini di Krishna.

Mahatma: Grande anima o saggio; chi ha raggiunto la realizzazione spirituale suprema.

Mantra: Formula sacra o preghiera. La recitazione del mantra risveglia i propri poteri spirituali addormentati, purifica la mente e aiuta a raggiungere la meta ultima. Acquista maggiore efficacia se viene impartito da un Maestro.

Maya: "illusione cosmica". Il velo divino con il quale Dio si cela nel gioco della creazione e crea l'illusione che vi sia un mondo di pluralità in cui ogni cosa è separata. Maya nasconde la Realtà e ci inganna, facendoci credere che la perfezione e la contentezza si possano trovare all'esterno di noi.

Moksha: liberazione dal ciclo di nascita e morte.

Mol: "figlia" in malayalam.

Mon: "figlio" in malayalam.

Mudra: gesto sacro compiuto con le dita delle mani; atto che possiede un significato mistico.

Narayaniyam: poema in sanscrito che narra la vita di Krishna, composto da un grande devoto del Kerala, Narayana Bhattatiri.

Pada puja: cerimonia in cui vengono venerati i piedi di una persona cui si porta rispetto: generalmente viene offerta a un Guru o a un santo. Come i piedi sostengono il corpo, così il Guru, in essenza, è il principio che rappresenta la Verità suprema. I piedi del Guru, quindi, sono il simbolo della Verità suprema.

Pandava: i cinque figli virtuosi del re Pandu, eroi del Mahabharata.

Paramatman: il Sé supremo, Dio.

Putana: un demone donna che tentò di uccidere il neonato Krishna nutrendolo con il suo latte avvelenato. Tuttavia Krishna, il bambino divino, succhiò la forza vitale di Putana provocandone la morte.

Prasad: offerte consacrate, distribuite alla fine della cerimonia; cibo benedetto.

Purnam: completo o perfetto.

Rajasuya yagna: un sacrificio vedico compiuto dai re.

Rama: l'eroe del poema epico Ramayana. Un'incarnazione divina di Vishnu, considerato l'emblema della giustizia.

Ramayana: uno dei più grandi poemi epici indiani, che narra la vita di Rama, scritta dal saggio Valmiki. Rama era un'incarnazione di Vishnu.

Rishi: dal sanscrito 'rsi', sapere. Veggente che ha realizzato il Sé. Generalmente si riferisce ai sette rishi dell'India antica che furono in grado di vedere la Verità Suprema e di enunciarla nei Veda.

Sadhak: aspirante spirituale.

Sadhana: pratica spirituale.

Samadhi: dal sanscrito 'sam', con; 'adhi', il Signore. Stato di unione con Dio; stato di profonda concentrazione su di un solo punto sino alla cessazione di ogni pensiero: la mente entra allora nella quiete assoluta e rimane solo la Pura Coscienza, l'Atman (il Sé).

Sankalpa: Intenzione creativa che si manifesta come pensiero, sentimento e azione. Il sankalpa di una persona comune non porta sempre dei frutti, ma il frutto del sankalpa di un Essere realizzato darà inevitabilmente frutto.

Sannyasi(ni): persona che ha preso l'iniziazione monastica (sannyasa) rinunciando a ogni legame con il mondo. Il sannyasi indossa tradizionalmente una tunica color ocra che simbolizza l'avere bruciato tutti gli attaccamenti.

Satguru: Un Maestro che ha realizzato il Sé, Dio.

Shakti: L'aspetto dinamico di Brahman sotto forma della Madre universale.

Shanti: Pace.

Shiva: "Colui che è di buon auspicio; il Benevolo; Colui che è colmo di Grazia". L'aspetto statico di Brahman, il principio maschile. Nella Trimurti indiana, Shiva è associato alla dissoluzione dell'universo, alla distruzione di ciò che non è Reale.

Shraddha: cura, attenzione, fede.

Sishya: discepolo.

Sita: la sposa di Rama. In India, Sita è considerata la donna ideale.

Sloka: verso sanscrito.

Sri: prefisso che indica rispetto, riverenza.

Srimad Bhagavatam: Uno dei Purana, i diciotto testi sacri che narrano le gesta degli avatar di Vishnu. Lo Srimad Bhagavatam racconta in grande dettaglio la vita di Krishna, in particolare della Sua infanzia. Quest'opera pone l'accento sull'importanza della devozione al Divino.

Tapas: il significato letterale del termine è "calore". Ascesi, austerità, sacrificio di sé. Pratiche spirituali che bruciano le impurità della mente.

Uddhava Gita: dialogo fra Krishna e il Suo grande devoto Uddhava, riportato nello Srimad Bhagavatam.

Vasana: dal sanscrito 'vas', vivente, ciò che rimane. Le vasana sono le tendenze latenti della mente o i desideri allo stato sottile che potrebbero manifestarsi come azioni o abitudini. Sono il risultato di esperienze o azioni passate le cui impressioni (samskara) sono custodite nel subconscio.

Vedanta: letteralmente: "parte finale dei Veda". Testi che espongono la filosofia della non dualità e trattano del Brahman - la Verità suprema, una e indivisibile - e di come raggiungerLa.

Veda: letteralmente: "conoscenza, saggezza". I Veda sono antichi testi sacri dell'induismo, composti da sezioni in prosa e da oltre 100.000.000 di versi sanscriti. Sono composti da quattro libri: Rig Veda, Yajur Veda, Sama Veda e Atharva Veda. Le sezioni più antiche risalgono al 6000 a.c., il resto dell'opera fu scritta tra il 2000 e il 500 a.c. Sono tra le scritture più antiche del mondo. I Veda sono considerati la rivelazione diretta della Verità suprema, trasmessa da Dio stesso ai rishi, gli antichi saggi e veggenti indiani, mentre erano in uno stato profondo di meditazione.

Vishnu: letteralmente: "Colui che è onnipervadente". Uno dei nomi di Dio. Vishnu discese sulla Terra come un'incarnazione divina quando prevale l'ingiustizia nel mondo. In genere viene adorato nella forma di due Sue incarnazioni: Krishna e Rama. Nella Trimurti indiana, Vishnu rappresenta Colui che protegge e sostiene l'universo.

www.ingramcontent.com/pod-product-compliance
Lightning Source LLC
Chambersburg PA
CBHW060155050426
42446CB00013B/2835